高等职业教育高速铁路客运服务专业"十四五"重点建设教材
校企"双元"合作开发教材

高速铁路客运服务礼仪

主　编　王雪梅　余立鹏　田　靖
副主编　吴媛圆　杨丽芳　曾　勇

电子课件

课程思政案例

试题库

动画视频

西南交通大学出版社
·成　都·

图书在版编目（CIP）数据

高速铁路客运服务礼仪 / 王雪梅，余立鹏，田靖主编. —成都：西南交通大学出版社，2023.4（2024.8 重印）
ISBN 978-7-5643-9240-6

Ⅰ. ①高… Ⅱ. ①王… ②余… ③田… Ⅲ. ①高速铁路 – 乘务人员 – 礼仪 Ⅳ. ①U293.3

中国国家版本馆 CIP 数据核字（2023）第 056800 号

Gaosu Tielu Keyun Fuwu Liyi
高速铁路客运服务礼仪

主　编／王雪梅　余立鹏　田　靖	责任编辑／宋浩田
	封面设计／原谋书装

西南交通大学出版社出版发行
（四川省成都市金牛区二环路北一段 111 号西南交通大学创新大厦 21 楼　610031）
发行部电话：028-87600564　028-87600533
网址：http://www.xnjdcbs.com
印刷：四川煤田地质制图印务有限责任公司

成品尺寸　185 mm×260 mm
印张　13　　字数　315 千
版次　2023 年 4 月第 1 版　　印次　2024 年 8 月第 2 次

书号　ISBN 978-7-5643-9240-6
定价　46.00 元

课件咨询电话：028-81435775
图书如有印装质量问题　本社负责退换
版权所有　盗版必究　举报电话：028-87600562

前言 PREFACE

铁路运输生产是国民经济的大动脉，是联系社会生产、分配、交换、消费的纽带，是提高人民物质文化生活水平、满足人民旅行需求、加强国防建设的重要交通工具。高铁行业的发展离不开高铁服务人员的努力，高铁服务人员的职业形象、文明语言、服务态度、行为举止等礼仪素养不仅体现了对客人的尊敬，也是个人素质的体现，更能体现企业的服务水平和管理水平。学生通过对本教材内容学习能具备以下素质：掌握礼仪基础知识，懂得运用礼仪知识进行社交；具有塑造良好整体形象的能力；能运用专业知识进行高铁服务接待工作；能将礼仪知识运用到高铁客运相关岗位（乘务员、乘服员、票务员、安检员、贵宾接待、候车大厅接待、检票、出站口等）的接待服务中；初步具备外事接待活动的能力。通过学习，学生能学会为人处世的基本规范和礼貌要求，增强自我约束能力，形成正确的人生观、职业观。

《高速铁路客运服务礼仪》教材编写始终坚持把立德树人作为中心环节，推进全员、全过程、全方位"三全育人"，切实履行好为党育人、为国育才的职责使命，实现思想政治教育与技能培养的有机统一。本教材编写团队与企业专家、行业专家多次进行研讨，首先完成市场调研，根据调研归纳出与岗位需求一致的工作任务后完成教学目标的制定，教材内容通过工作任务支持教学项目，完成教材编写工作。校企合作编写的教材落实了以"职业岗位为导向"的人才培养模式，构建了高速铁路客运服务礼仪基础项目。本教材以案例导入、案例分析开始，教材内容有学习任务、阅读材料、知识拓展、知识链接、任务训练及课程思政教育案例等内容，以使学生具有较高的礼仪素养，在岗位工作中通过实际操作提高铁路服务人民群众的质量，践行"人民铁路为人民"的理念，充分体现"全心全意为人民服务"的根本宗旨。

《高速铁路客运服务礼仪》是云南旅游职业学院与天坤教育集团校企合作编写的教材。教材主编王雪梅、余立鹏（企业）、田靖；副主编吴媛圆、杨丽芳、曾勇（企业）。具体编写人员：王雪梅（项目一），杨丽芳（项目二），彭钰博（项目三），杨娅秋（项目四），王艺勋（项目五任务一、二），李郁（项目五任务三、四），曾勇（项目六、项目八），吴媛圆（项目七），田靖（课程思政）。教材统稿、修改、审核由王雪梅、余立鹏完成。

本教材在编写过程中得到了中国铁路昆明局的友情支持，教材参考了大量的有关书籍资料，并从互联网上获取了一些资料。教材中图片摄影主要由老师自己拍摄或照片本人提供，方婷、白婧婷、刘子瑜、顾洪嘉、陈星月、姜亚红、张秋洁、林可雯、速丹丹、朱美鸿、董田娇、杨艳、罗德恒、王玲娜、保张进、孙昊等参与拍摄或提供教材图片，部分图片从网站下载。谨此说明，对本教材所引用资料和图片的所有者致以最诚挚的谢意。

由于编者水平所限，书中若有不当之处，诚望广大读者批评指正。

编 者

2022 年 9 月

数字资源索引

序号	资源名称	资源类型	页码
1	培养礼仪修养	动画	1
2	礼仪修养课程思政教育案例	案例	7
3	树立服务意识	动画	24
4	确保服务质量课程思政教育案例	案例	43
5	高铁服务员职业形象塑造标准	动画	50
6	高铁服务人员整体形象塑造课程思政教育案例	案例	70
7	高铁服务员礼仪姿态塑造标准	动画	73
8	规范高铁服务员礼仪姿态课程思政教育案例	案例	73
9	见面礼节	动画	103
10	会议服务礼仪	动画	114
11	通讯礼仪	动画	120
12	馈赠礼仪课程思政教育案例	案例	125
13	馈赠礼仪	动画	125
14	高铁服务人员礼貌用语	动画	134
15	使用礼貌服务语言课程思政教育案例	案例	134
16	高铁乘务员服务礼仪	动画	153
17	动车组列车乘务服务礼仪课程思政教育案例	案例	153
18	铁路车站客运工作人员服务礼仪	动画	162
19	高铁餐服员服务礼仪	动画	171
20	主要客源国礼俗	动画	182
21	主要客源国礼俗课程思政教育案例	案例	182

CONTENTS 目 录

项目 1 ▶培养礼仪修养

任务 1　中国礼仪的起源与发展 1
任务 2　礼仪的内涵 4
任务 3　礼仪修养 7
任务 4　服务礼仪 12

项目 2 ▶树立服务意识

任务 1　服务意识决定服务质量 25
任务 2　端正服务态度 30
任务 3　提升服务技能 37
任务 4　确保服务质量 43

项目 3 ▶塑造高铁乘务员职业形象

任务 1　形象设计基础知识 49
任务 2　形象塑造妆容设计 51
任务 3　职业发型设计 66
任务 4　高铁服务人员整体形象塑造 70

项目 4 ▶规范高铁服务员礼仪姿态

任务 1　表情与神态 74

任务 2　站　姿 ………………………………………………………… 78
任务 3　坐　姿 ………………………………………………………… 82
任务 4　走姿与蹲姿 …………………………………………………… 86
任务 5　手　势 ………………………………………………………… 91
任务 6　行　礼 ………………………………………………………… 96

项目 5　▶公务接待礼仪

任务 1　见面礼节 ……………………………………………………… 103
任务 2　会议服务礼仪 ………………………………………………… 114
任务 3　通信礼仪 ……………………………………………………… 120
任务 4　馈赠礼仪 ……………………………………………………… 125

项目 6　▶使用礼貌服务语言

任务 1　语言表达艺术 ………………………………………………… 134
任务 2　高铁服务人员语言要求与规范 ……………………………… 142
任务 3　各岗位客运人员服务用语 …………………………………… 146

项目 7　▶高铁站车服务礼仪

任务 1　动车组列车乘务服务礼仪 …………………………………… 153
任务 2　铁路车站客运服务礼仪 ……………………………………… 160
任务 3　动车组列车餐饮服务礼仪 …………………………………… 171

项目 8　▶主要客源国礼俗

任务 1　亚洲客源国礼俗 ……………………………………………… 183
任务 2　欧洲客源国礼俗 ……………………………………………… 188
任务 3　美洲及大洋洲客源国礼俗 …………………………………… 193

参考文献 …………………………………………………………………… 198

项目 1　培养礼仪修养

我国是历史悠久的文明古国,几千年来创造了灿烂的文化,形成了高尚的道德准则、完整的礼仪规范,被世人称为"文明古国,礼仪之邦"。讲究礼仪并非只体现在个人生活小节或小事上,而是一个国家社会风气的现实反映,是一个民族精神文明和进步的重要标志,是人与人之间正常沟通与真诚交往的重要前提。

培养礼仪修养动画扫码观看

中国高铁是我国的国家名片,高铁具有价廉、快速、安全的优势,已经成为广大出行者出行时的首选。培养高速铁路客运服务人员良好的礼仪修养,有助于提高他们的综合素质,也能够提高他们的工作效率,使他们在职业生涯中展现自己的工作态度与个人魅力。

案例导入

在 2020 年春天新型冠状病毒感染疫情防控战中,白衣执甲、逆行出征的医护人员挥别年幼的儿女;冲锋在前、顽强拼搏的党员干部辞别年迈的双亲;闻令而动、敢打硬仗的人民子弟兵在万家团圆的除夕之夜踏上征程;中国抗疫医疗专家组乘包机抵达莱索托首都马塞卢……,这些感人的事迹充分彰显中国人民真诚善良、亲仁善邻的处世之道,形成跨越国界、跨越种族的情感共鸣,让中国精神直抵人心。可是也有一些缺乏公德,自私自利的行为让我们心生鄙视。2020 年 4 月 1 日,山东青岛崂山区的几名外国人在社区卫生服务中心排队检测核酸时插队,并在遭到旁边居民谴责后直接将一名居民手中的单据抢来扔在地上,大喊:"中国人出去"。这件事情发生后,引发了网友们的极大愤慨。我们是一个谦虚礼让的礼仪之邦,有外国朋友在中国,我们都会礼让有加。礼让是我们的修养,但是,面对不守规则的人时,无论是对方是哪个国家的人,我们都应坚定地说"不"。

案例分析

礼仪修养既是一个人对外的名片,也是一个国家国民素质的体现。拥有高尚的品德与修养不仅仅是对于个人魅力提升的必经之路,而且也是事业成功、人际关系交往的必备品质。

任务 1　中国礼仪的起源与发展

无论是中国还是外国,礼仪文化都源远流长。在人类文明历史形成的过程中,作为文明表现形式之一的礼仪也随之出现并不断发扬光大。对于礼仪的起源，各国研究者们有各种各样的观点。在中国，各个时代的学者根据所掌握古代社会人类活动的有限证据和各自的逻辑推断有不同的论述。礼仪的起源与发展是一个漫长的过程，这个过程是社会决定的，并随着社会的发展、变革，其内容不断丰富、更新，其功能日益增强。

 案例导入

汉明帝刘庄做太子时，博士桓荣是他的老师，刘庄继位皇帝后"犹尊桓荣以师礼"。他曾亲自到太常府去，让桓荣坐东面，设置几杖，像当年讲学一样，聆听老师的指教。他还将朝中百官和桓荣教过的学生数百人召到太常府，向桓荣行弟子礼。桓荣生病，明帝就派人专程慰问，甚至亲自登门看望，每次探望老师，明帝都是一进街口便下车步行前往，以表尊敬。进门后，往往拉着老师枯瘦的手，默默垂泪，良久乃去。当朝皇帝对桓荣如此，所以"诸侯、将军、大夫问疾者，不敢复乘车到门，皆拜床下"。桓荣去世时，明帝还换了衣服，亲自临丧送葬，并将其子女做了妥善安排。

案例分析

"一日为师，终身为父"的训诫相传至今。

一、中国礼仪的起源

了解礼仪的起源，有利于我们认识礼仪的本质，自觉地按照礼仪规范的要求进行社交活动。礼仪产生于人类用理性调整、控制自身的欲望和情感，从而区分人与人之间的复杂关系，促进人的内心向"温良恭俭让，仁义礼智信"的方向发展，以创造整个社会的和谐。各个时代的学者根据所掌握古代社会人类活动的有限证据和各自的逻辑推断有不同的论述。下面主要介绍两种礼仪起源说。

（一）原始祭祀

繁体"禮"字是会意字，"示"指神，"豊"是行礼之器，从中可以分析出，"礼"字与古代祭祀神灵的仪式有关。在原始社会，人类处于"愚昧无知"的状态，生产力十分低下，人们依赖于自然，屈从于自然，对千变万化的自然现象无法解释，也很难有科学的方法去治理自然灾害，于是就想象出各种神和鬼，作为精神寄托和崇拜的偶像。古时祭祀活动不是随意进行的，它是严格地按照一定的程序，一定的方式进行的。这是人们还没有认识到礼仪的真正起源时的一种信仰说教，是神崇拜的反映，代表了人类图腾崇拜时期对原始礼仪的认识。

（二）社会风俗

一个人的生活不需要礼仪，就像鲁滨孙在孤岛上生存一样，他的一切行为只受个人意志的支配，可以享受毫无约束的自由。然而，人一旦群居，他们将不可避免地与周围的人和事发生纵横交错的复杂关系。人们如何才能厘清这些复杂的社会关系，使组织的每一个成员都能各归其位，扮演好自己的角色，并得到应有的尊重呢？礼仪便是最初承担这种功能的人类智慧，事物的礼仪落到实处，与世故习俗相关，风俗的存在是普遍的、久远的、多样的，其中一部分风俗习惯被条理化、规范化，成为广而用之的礼仪。当然，最早是上层阶级的礼仪，后来才变成了普通百姓的风俗。

二、中国礼仪的发展

我国是人类文明的发祥地之一，素有"文明古国，礼仪之邦"的美称。从社会发展的历史脉络看，我国礼仪文化的发展经历了四个阶段：第一阶段是初步形成阶段；第二阶段是系统化阶段；第三阶段是体系完善阶段；第四阶段是重建阶段。

（一）初步形成阶段

这一阶段主要在原始社会，体现在由三皇五帝创建的礼仪体系中，主要表现为敬天事人的一些基本程序和规定，体现在各种祭祀活动中的礼仪，"礼立于敬而源于祭"。

（二）系统化阶段

这一阶段主要在西周、春秋战国时期，统治阶级为了维护本阶级的利益，巩固自己的统治地位，修订形成了比较完整的国家礼仪和制度，礼仪已由最初的祭神逐步扩展到敬人。春秋战国时期是我国的奴隶制社会向封建制社会转型的过渡时期，学术界百家争鸣，相继涌现出孔子、孟子、荀子等思想家，发展和革新了礼仪理论，系统地阐述了礼仪的内容，第一次从理论上全面而深刻地阐述了社会等级秩序的划分及其意义，以及与其相适应的礼仪规范、道德义务。

（三）体系完善阶段

这一阶段的礼仪是封建社会的礼仪，主要表现为从秦汉时期的叔孙通规范汉朝礼仪开始推行的以礼治国。这个阶段礼仪的重要特征是：尊君抑臣、尊父抑子、尊夫抑妻、尊神抑人。"三纲五常""三从四德"作为人们的礼仪准则，它既起着调节人际关系的作用，也作为一种无形的力量使人们循规蹈矩地参与社会生活，逐渐变成妨碍人类个性发展、阻挠人类平等交往、窒息思想自由的精神枷锁。封建社会的礼仪，无论是国家政治的礼制还是在家庭伦理中，都一直为统治阶级所利用，一直是维护封建社会等级秩序的工具。

> **知识拓展**
>
> 中国古代有"五礼"之说，祭祀之礼为吉礼，它主要是对天神、地祇、人鬼的祭祀典礼。婚事之礼为嘉礼，它是体现婚姻大事、人际关系沟通、情感联络之礼；待客之礼为宾礼，它是接待宾客之礼；军事之礼为军礼，它是师旅操演、征伐之礼；丧葬之礼为凶礼，它是哀悯、吊唁、忧患之礼。五礼的内容相当广泛，可以说是无所不包，充分反映了古代中华民族的尚礼精神。

（四）重建阶段

辛亥革命胜利后，推翻封建礼教的同时，礼仪的革命也随之掀起。由于此时西方文化被大量传入中国，体现尊卑等级的传统的礼仪制度和规范逐渐被时代所抛弃，科学、民主、自由、平等的观念迅速深入人心，新的价值观念和礼仪标准因此得到传播和推广。

中华人民共和国成立后，新型的社会关系和人际关系的确立，标志着中国人民开始进入一个新的文明时代。人与人之间互相尊重、互助友爱、和睦相处的关系逐步建立起来。

改革开放后，随着中国与世界各国的交往的日益频繁，其他国家的礼仪形式对中国礼仪具有重要影响，中国礼仪与国际礼仪逐步接轨。

今天，礼仪是在广泛的社会活动中，人们都要遵从的一定的社交规范和道德规范，随着社会的进步、科技的发展和国际交往的频繁，礼仪必将得到新的完善和发展。

阅读材料

我国古代礼仪著作简介

西周出现了中国历史上第一部礼仪方面的重要著述——《周礼》，并要求当时的诸侯遵行，可见周朝是我国早期就礼仪齐备的朝代。之后《仪礼》《礼记》又相继问世。《周礼》《仪礼》《礼记》被称为古代"三礼"，是我国关于各种礼制的百科全书，是"礼仪"发展的重要里程碑。

《三字经》：是我国流传时间最长、范围最广、影响最大的一本儿童启蒙教材，相传为南宋学者王应麟所著。《三字经》包含中国传统文化的文学、历史、哲学、天文地理、人伦义理、忠孝节义等，而核心思想又包括了"仁，义，诚，敬，孝。"在背诵《三字经》的同时，能让人们了解常识、传统国学、历史故事，以及故事内涵中做人做事之道理。

《弟子规》：原名《训蒙文》，是清朝李毓秀所作的三言韵文。该文共为五个部分，主要列举了为人子弟在家、外出、待人、接物、处世、求学时应有的礼仪规范。其中有尊敬长者方面的要求："或饮食，或坐走，长者先，幼者后"。仪表方面的要求："冠必正，纽必结，袜与履，俱紧切"。仪态方面的要求："步从容，立端正，揖深圆，拜恭敬"。禁酒方面的要求："年方少，勿饮酒，饮酒醉，最为丑"。语言方面的要求："奸巧语，秽污词，市井气，切戒之"。

任务 2　礼仪的内涵

礼仪文明作为中国传统文化的一个重要组成部分，对中国社会历史发展起到了广泛且深远的影响，其内容十分丰富，所涉及的范围十分广泛。礼仪是指人们在社会交往中，是受到历史传统、风俗习惯、宗教信仰、时代潮流等因素而形成的，既为人们所认同，又为人们所遵守，是以建立和谐关系为目的的各种符合交往要求的行为准则和规范的总和。

一、礼仪的概念

礼仪形成于人们约定俗成的，对人、对己、对鬼神、对大自然，表示尊重、敬畏、祈求等思想意识的各种惯用形式和行为规范。礼仪的发展也跟随着人类社会的进步逐步走向文明。

古代礼仪本指敬神的法度、方式、规范与准则。西周时期，周公制作礼乐，正式将礼仪作为治国方略，成为规范人们行为和社会秩序的基本准则，统治人们的精神世界，标志着我国礼治时代的到来。

现代礼仪是人们在文化传统、风俗习惯、宗教信仰、时代潮流等因素影响下形成的，是人们在社会交往活动中共同遵守的行为规范和准则。现代礼仪体现着人们的道德观念，确定着人们的交往准则，指导着人们的行动。

二、礼仪的含义

现代社会"礼仪"一词有了更加广泛的含义，其内容包含了礼貌、礼节、礼俗、仪表、仪式。研究者对它们的认识各不相同，有的认为我们是同一概念，有的又认为它们应准确区分开，客观地从内涵上讲，它们既有区别又有联系。

（1）礼貌：指人们在相互交往时，言谈举止恭敬、友好，它体现着一个人的基本品质。礼貌是待人接物时的外在表现，它是通过言谈、表情、姿势等来表示对人的尊敬。

（2）礼节：是人们在日常生活中，特别是在交际场合相互表示尊敬、问候、祝颂、致意、慰问、哀悼以及给予必要的协助与照料的惯用形式。礼节是礼貌的具体表现。

（3）礼俗：指不同国家、民族、地区的人们在长期的社会实践中形成的各具特色的风俗习惯。"十里不同风，百里不同俗。"在人际交往中，人们应该做到入乡随俗。

（4）仪表：个人外形的体现，包括容貌、服饰、姿态、表情、谈吐等方面。仪表可以表现人的精神状态和文明程度，是人的交际形象的重要组成部分。

（5）仪式：是在一定场合举行的，按照特定程序进行的有目的的集体性的礼仪活动。它具有集体性、主题性和程序性的特点。如迎送仪式等这类为表示敬意而隆重举行的规范化活动，均属仪式的范畴。

（6）联系与区别：礼貌、礼节、礼俗、仪表、仪式之间既相互渗透，又相互区别。礼仪既包括内在的内容，也包括外在的形式，它具有广阔的内涵，是一个完整的、系统的过程，而不仅仅是一种行为或是一种做法。

礼貌是礼仪的基础，是礼仪的行为规范，是礼仪的外在表现形式。

礼节是礼仪的基本组成部分，是礼仪的惯用形式。

礼俗是人们约定俗成的礼仪形式，不同国家、不同民族、不同的宗教信仰，人们遵循的礼仪习俗不尽相同。

仪表是礼仪在个体身上的外在表现，主要是指一个人的外表给人留下的印象，也属于礼仪的外在表现形式。

仪式是礼仪的程序化形式，是礼仪的集体性交际活动形式。

三、礼仪的本质

礼仪的本质就是礼仪的核心思想，表现为一系列义理准则、伦理规范，它是教育人民如何与社会和谐相处，实现道德理想人格的一门重要学问。礼仪体系随着社会的不断发展，在形式和内容上一直在寻求适应社会的变化，并且不断出现分化；有的发展为道德，有的上升为法律，有的降格为只供赏玩的一种文化现象，有的被抛弃，也有的不断被添加进来。

无论社会怎么变，礼仪的本质是不会变的，它的思想精髓主要体现在道义、规律、尊敬、诚信四个方面：

（1）礼仪代表了道义：道义是指人之为人的适宜之道，它反映了人们对一种理想人格的追求。在古代汉语中，"义"与"宜"经常通用，表示任何事物都以恰当、适宜、适度为原则，礼仪也同样。同时，义也是道，就是做人的应尽之道。用现代的说法就是教人如何学好。

（2）礼仪预示着规律：规律是指人要尊重各种自然规律，就是要礼法自然，要顺从"道理"。因此，这里的"礼"与"理"是同音同义的。礼仪是一种充满理性之光的社会秩序，是人类活动应该遵循的各种客观自然规律。

（3）礼仪主要用来表达尊敬。尊敬是一种庄重严肃、认真诚实的态度。在中国传统礼仪中，把"敬"当作是评价一个人道德品质和礼仪素养的重要标准。敬的对象不仅包括先祖长辈、德高望重者，还包括自然、国家、社会、法律等。《孟子》中指出："仁人者爱人，有礼者敬人。爱人者，人恒爱之；敬人者，人恒敬之。"古人对礼仪虔诚，把仪式的氛围渲染得非常庄重，其目的是要让人懂得尊敬。尊敬是以一种谦虚的情怀、真诚的认可，对自己、他人以及社会的价值、能力、行为等表示承认与认可，这是人类生活中最重要的伦理准则之一。尊重他人、尊重自然、尊重社会既是人类社会繁衍生息的必然要求，也是个体生存发展的前提条件。

（4）礼仪的基础是诚信。诚信是礼仪的必然要求。《礼记》中说："先王之立礼也，有本有文。忠信，礼之本也；义理，礼之文也。无本不立，无文不行。"因此，礼仪的根本是要守之以信。一个没有诚信的社会是很难行之以礼的。只有讲诚信的人才值得别人尊敬，而施之以礼。

> **知识拓展**
>
> 卢梭说过"人生来是自由的，但却无处不身戴枷锁。"礼仪就曾是这样沉重的"枷锁"，它处处限制着人们的行动，让人们不得肆意妄为，不敢越雷池半步，一再告诫人们，做任何事都不能只考虑自己喜好，而是要把个人放在一系列的角色中进行合理定位、有序运行。

四、礼仪的特征

礼仪在漫漫的历史长河中，随着时代的发展和变革，不断地扬弃和完善，形成了自己鲜明的特征，主要表现在以下几个方面。

1. 普遍性

礼仪是人们在社会交往活动中应共同遵守的行为规范和准则。只要有人生存生息的地方，就有礼仪，而且许多礼仪是世界通用的，它不分国家、民族、地区、人种、性别、年龄、阶层，为全人类所共有，成为全人类的财富。它是客观存在的，具有很强的普遍性。

2. 规范性

礼仪是一种人们共同遵守的社会交往守则，是在交际场合待人接物时必须遵守的行为规范，它必须获得社会大众的一致认可，有一个统一的认识和统一的做法。例如，古代祭祀礼仪中对程序、位次、动作、衣着、祭品、语言等都有严格规定。现代社会如诞生礼仪、成年礼仪、学生礼仪、结婚礼仪、丧葬礼仪，每种礼仪都有一个基本的规定。礼仪的这种规范性，不仅约束人们在一切交际场合的言谈举止要合乎礼仪，而且人们也在用这种规范来衡量和判断他人。礼仪"巩固了群体的交往规范，给个人行为提供了道德制裁，为共同体平衡所依赖的共同目的和价值观念提供了基础"。

3. 传承性

礼仪文化并不是忽然出现的，它是经过几千年的历史传承，随着人类文明的产生而产生、变化而变化的。礼仪不是一种短暂的社会现象，而且不会因为社会制度的更替而消失，具有一定的稳定性。当然它不是一味地全盘继承，而是取其精华，去其糟粕地继承发展。

4. 差异性

不同的群体中，具有不同的礼仪文化，如不同的年龄段、性别、社会阶层，不同的职业、民族、宗教信仰、区域等，都有着多样化的礼仪形式。世界是丰富多彩的，不同的国家、地区、民族，具有不同的历史和文化，也就形成了不同的风俗习惯；甚至同一国家、民族，不同的地域，都有不同的风俗习惯，因而差异随处可见，正所谓"十里不同风，百里不同俗"。

5. 时代性

礼仪可以说是一种社会历史发展的产物，它与一个时代的政治、经济、文化、民族风俗等方面的因素紧密相连，并带上丰富的时代烙印，是会随着社会的发展、历史的进步而与时俱进的。所谓"仪，宜也"，这意味着礼仪必须符合社会现实的需要，即跟上时代的步伐，特别是在现代社会，世界经济国际化日趋明显，礼仪与国际接轨，各国的礼仪互相交融，礼仪随之被赋予新的内容。

任务 3　礼仪修养

本任务思政教育案例扫码观看

礼仪的内涵丰富多样，但它具有自身鲜明的特征与原则，学习和掌握了它们，在社交活动中就能做得礼周仪全，当然与自身的修养也是分不开的。一个人的言谈举止、衣着打扮等是由内在修养决定的。修养是通过个体自觉地、有意识地学习、仿效、养成而逐步形成的。良好的礼仪修养是提高自身素质不可缺少的部分，是人格完美的需要，是事业蒸蒸日上的需要。

案例导入

2020年12月23日，乘坐京沪高铁、成渝高铁部分车次的旅客，可以自愿选择购买静音车厢的车票。从此，乘坐高铁时这部分在以往被迫听歌、听谈生意、听家长里短、听孩子哭闹的旅客，终于可以耳根清净了。乘坐高铁购票时在点选"静音车厢"的提示后，系统会自动弹出5条静音约定，提醒旅客遵守。同时，静音车厢将推多项静音服务，包括关闭娱乐设施音量、无干扰服务等，对于屡次劝阻无效的不静音行为，可能被纳入铁路旅客运输领域信用管理。

在公共场合不打扰他人是国民应具备的基本修养，理想状态下，高铁上所有的车厢天然就应该是静音的，就像所有的公共场合理论上都应该禁烟一样。有些吵闹的人，脑子里根本就没有"保持安静"这个意识，也完全不觉得自己嗓门大，甚至把声音外放当成一件值得骄傲的事；有些人则是贪图方便，懒得走出去接打电话，甚至懒得掏出耳机戴上；有些则是过于娇惯孩子，把孩子吵闹当成理所当然，无视他人权益……也许有人会说，过去的绿皮车里不都是这样吵吵嚷嚷过来的，追求安静就是一种矫情。但科技发展，社会进步，我们的高铁都已经突破300千米的时速了，车厢内的文明体验也该迅速提升，符合新的时代要求。静音车厢的推出，不仅意味着高铁服务的细化、个性化，更是铁路运营商和旅客之间达成的一个契约。

案例分析

礼仪修养的养成教育应该从小的时候就开始。希望在未来的日子里，静音车厢能够以点带面，除了无法自控的婴儿之外，所有车厢都能安安静静的。只有静音覆盖的范围越来越广，层次越来越高，受益的人才会越来越多，那些不文明的人也会见贤思齐。

一、礼仪修养的含义

修养是指一个人在道德、学问、技艺等方面通过自己的刻苦学习、艰苦磨炼以及情操的陶冶，逐渐使自己具备某一方面的品质和能力，既是一个人的品德、知识、能力、才华的一种积淀，也是一个人世界观、人生观、价值观的一种反映。

礼仪修养是指人们为了达到某种社交目的，按照一定的礼仪规范要求，结合自己的实际情况，在礼仪的品质、意识等方面所进行的自我锻炼和自我改造，从而形成一种境界和涵养。礼仪作为修养的内容，是多层次的道德规范体系中最基本的行为规范之一，它属于道德体系中社会公德的内容。

加强大学生礼仪修养教育，是我国现阶段进行道德建设的有效途径，对大学生进行礼仪修养教育，有利于引导大学生逐步把社会道德规范内化为个人的道德品质，塑造自尊自信的良好形象，充分展示个人良好的教养与优雅的风度。

二、礼仪修养的基本原则

礼仪修养的具体规范和规则有很多，但无论在怎样的场合，怎样的情况下，一个人具有良好礼仪修养的基本原则是不变的。

（一）遵守

在社会生活中，每一位参与者都必须自觉、自愿地遵守礼仪，用礼仪规范来要求自己在交际活动中的言谈举止。学习礼仪，一定要付诸个人社交实践。遵守还包括爱护公物、遵守公共秩序等，是对行为主体提出的基本要求，更是人格素质的基本体现。

（二）尊重

尊重包括尊重自己和尊重他人，是礼仪的情感基础。尊重是互相的，只有懂得尊重他人的人，才能赢得他人的尊重。人与人之间互相尊重，才能保持和谐的人际关系。尊重包括尊重他人的人格、劳动、价值和感情等。

（三）真诚

真诚是人与人相处的基本态度，是礼仪活动的基础。"真"指真实，"诚"指诚恳，即对人对事的一种实事求是的态度，是待人真心实意的友善表现。在社交场合，并非每个人在礼仪方面都做得很好，但只要是发自内心、真诚相待，就能赢得理解和信任，广交朋友。真诚的原则，就是与人交往时，做到待人以诚、诚心诚意、诚实无欺、言行一致、表里如一。

（四）守信

信用即讲信誉，在人际交往中要讲真话、遵守诺言、实践诺言。守信是真诚的外在表现，一个守信的人常常会让人产生信赖感。中国有一句谚语"一言既出，驷马难追"，就是指在社交场合，尤其重视守时、守约，没有十足的把握就不要轻易许诺他人，否则，会失信于人，甚至失去朋友。

（五）宽容

宽容就是宽宏大量，能容他人之过，每个人都应学会设身处地为别人着想，严于律己、宽以待人，树立容纳他人的意识。宽容是一种较高的境界，容许别人有行动与见解自由，对不同于自己和传统观点的见解要耐心、公正地对待。当然，宽容绝不是纵容，不是放弃原则地姑息迁就，不是一味地忍让。

（六）平等

平等就是对所有交往对象都必须一视同仁，给予同等程度的礼遇。不应因为交往对象彼此之间在年龄、性别、种族、性格、文化、职业、身份、地位、财富以及与自己的关系亲疏远近等方面有所不同,就厚此薄彼,区别对待,给予不同待遇。但在具体运用时,在尊重交往对象的前提下,允许因人而异。

(七) 适度

适度指交往中把握分寸,既要彬彬有礼,又不能低三下四;既要热情大方,又不能阿谀奉承。凡事要做得恰到好处,恰如其分。在社交场合要感情适度,谈吐适度,举止适度,装扮适度。

(八) 从俗

由于国情、民族、文化背景的不同,交往各方都应尊重相互之间的风俗、习惯,了解并尊重各自的禁忌,必须坚持入乡随俗,与绝大多数人的习惯做法保持一致。

三、培养高铁乘务人员良好的礼仪修养

礼仪修养已成为现代文明人必备的基本素质,成为人们社会交往、事业成功的一把金钥匙。中国高铁是我国的国家名片,它的健康发展事关国家战略,意义重大,前景无限。高铁乘务人员良好的礼仪修养与优质服务是铁路部门展示形象、吸引客源最好的窗口。

> **案例导入**
>
> 2020年4月2日,重庆开往广州的列车由于要错开过往列车,在中途停车等待。由于天气闷热,列车的环境氛围立即变得非常憋闷,有些旅客按捺不住着急的心情,开始抱怨起来,甚至有的乘客骂骂咧咧。经验丰富的列车长见此情况,预计等待的时间不会短,如果让旅客单调无聊地等下去,可能会因情绪不佳而引发矛盾。于是列车长带领列车组如实地传递给旅客列车临时停车的原因及等待时间,并耐心回答每位旅客的问题。随后列车组请旅客品尝列车员调制的"自助饮料",并让他们猜是由哪几种果汁混合而成的。旅客表现出极大的兴趣和参与的热情,枯燥无聊的等待立刻变得精彩纷呈,有单独品尝的,也有和朋友、家人一起一边喝一边猜的,获得奖品的旅客还兴致勃勃地表演了小节目。漫长的等待时间就在一片欢声笑语中悄悄结束了。当列车长广播还有5分钟列车就能重新开动时,旅客才意识到他们已在列车上等了近3小时了。当列车组向旅客们表达真诚的谢意时,列车里早已是掌声一片。
>
> **案例分析**
>
> 高速铁路乘务员不仅要为旅客提供规范化的服务,还要为旅客提供细致、个性化的服务。高素质的乘务人员是保障高质量服务的重要条件。

高速铁路乘务礼仪是高速铁路乘务员必须具备的职业能力与素养。培养高铁乘务人员良好的礼仪修养可通过以下途径来实现。

（一）具备良好的心理素质

1. 气质与性格

虽然气质和性格是比较稳定的心理特点，但为了保证社会交往的顺利，有必要有意识地调整自己的心理状况，对自身气质、性格扬长避短，只要自己努力去做，定会达到目的。

 知识拓展

大学生心理健康的主要标准

1. 能保持对学习较浓厚的兴趣和求知欲望。
2. 能保持正确的自我意识，接纳自我。自我意识是人格的核心，指人对自己与周围世界关系的认识和体验。
3. 能协调与控制情绪，保持良好的心境。心理健康者经常能保持愉快、自信、满足的心情，善于从行动中寻求乐趣，对生活充满希望，情绪稳定性好。
4. 能保持和谐的人际关系，乐于交往。
5. 能保持完整统一的人格品质。心理健康的最终目标是保持人格的完整性，培养健全人格。人格完整是指人格构成的气质、能力、性格和理想、信念、人生观等各方面平衡发展。
6. 能保持良好的环境适应能力，包括能正确认识环境及处理个人和环境的关系。
7. 心理行为符合年龄特征。一个人的心理行为经常严重地偏离自己的年龄特征，一般都是心理不健康的表现。

2. 情绪

善于保持良好的情绪，保持积极的心境、控制消极的情绪，在各种情况下保持良好的状态。

 小贴士

情绪管理的4个方法

发现情绪：人的情绪多种多样，有开心、有悲伤、有愤怒，当情绪出现后，要学会发现情绪，判断出自己处于哪种情绪中，让自己保持冷静，然后分析情绪的来源。

接纳情绪：不管哪种情绪都不是无缘无故出现的，当情绪出现后，要学会接纳情绪，即便是在悲伤或者愤怒的情绪中，也要尝试着接受，只有这样才能管理情绪。

表达情绪：出现不好的情绪时，很多人都选择压抑情绪，实际上这种方法是错误的，要学会将情绪用委婉的方式表达出来，只有学会运用情绪，才能缓解压力，调节人际关系。

宣泄情绪：日常生活中，很多事都会导致负面情绪的出现，若一味选择压抑，会导致压力过大，选择合适的方式宣泄情绪，不仅能清除负面情绪，还有利于人体健康。

情绪管理是非常重要的，不仅可以体现出人的情商，还有利于人和人之间的相处，但很多人都无法很好地管理自己的情绪，只要牢记以上这四种方法，情绪管理就不再是难事。

3. 广泛的兴趣

广泛的兴趣有助于人际间的交往，不会出现"话不投机半句多"的情况。

（二）加强道德修养

"德"成于中，"礼"形于外。道德是礼仪的基础，礼仪是道德的外在表现。道德决定礼仪，真正的礼仪是建立在良好的道德基础上的，否则就是虚情假意，是伪君子。学会爱，广义的爱，既要学会爱你的家人、亲戚、朋友，还要爱他人，爱陌生的人，爱甚至与你有矛盾的人。理解宽容，真诚守信，明辨是非善恶。

人们应努力提高自己的道德修养，从小事做起，从现在做起，做到"细微处见精神""己所不欲，勿施于人"。

（三）学习礼仪文化知识

礼仪文化是一个非常复杂的文化体系，是中华传统文化的重要组成部分，它与群体和个人的素质形象息息相关，在公共关系、对外交往、商务活动、职场管理、信息沟通等方面发挥着积极作用，对社会经济发展具有重要的意义。

1. 学习礼仪知识

注意搜集、学习礼仪知识。懂得的礼仪知识越广博，越全面，在待人接物时就越能应付自如。

2. 学习文化知识

应培养自己对知识的广泛兴趣，努力涉猎多方面的知识。只有知识丰实，才能秀外慧中。知识是力量，知识是提高人文化礼仪修养的内在基础。人们应有意识地、自觉地订计划，安排时间，不断地拓展自己的知识面，做到"知书达理"。

任务4　服务礼仪

礼仪是一种文化现象，具有丰富的内容和形式。从历史发展的角度看，礼仪可以分为传统礼仪与现代礼仪；从地理空间的角度看，礼仪可以分为中国礼仪与西方礼仪；从职业群体看，礼仪可以分为社交礼仪、商务礼仪、外交礼仪、服务礼仪、职业礼仪（如警察礼仪、教师礼仪、医生礼仪等）；从作用场合来看，礼仪可以分为吉礼、嘉礼、宾礼、军礼、凶礼；从礼仪适用的范围来看，礼仪可分为个人礼仪、家族礼仪、企业礼仪、公共场所礼仪、民族礼仪、国家礼仪。

案例导入

2021年年底，中国昆明至老挝万象的高铁线路迎来全面开通运营。高铁列车的运行速度为每小时160千米，至此，从昆明到西双版纳仅需3个小时，高铁全线通车联动西双版纳与东南亚的繁华未来。

高铁的开通首先打破了多年以来限制西双版纳发展的交通困局，推动当地旅游业的发展，便利的交通工具，将会催生出越来越多的人来西双版纳进行旅游或投资，也势必会带来更多的人口和产业机会。昆明至万象高铁的建成通车，将成为我国通往东南亚诸国的一条便捷通道，完成高铁出国的梦想，更将实现城市铁、陆、空、轨的立体乘换。不仅如此，作为泛亚高铁经济圈的中心，西双版纳将成为我国连接老挝、越南、泰国的重要门户。随着高铁的通车运营，西双版纳将广揽东南亚能源资源优势——丰富的能源产业链、矿石产业链、粮食产业链、人口红利产业链，成为国际大通道前沿，未来发展不可限量。

任务分析

乘坐高铁优势不仅体现在方便快捷上，更体现为能以优质服务改变人们的出行方式。

服务礼仪是一门操作性极强的学科。在学习过程中强调规范性和可操作性，才能使服务行业的从业人员明确工作中的正确做法与不正确做法，从而更好地为服务对象提供服务。同时，学习并掌握一些基本理论也是非常有必要的，当服务行业的从业人员掌握了基本理论后，能更好地领会并运用到实际工作中。

一、角色定位

要求服务行业从业人员在为服务对象提供服务时，能准确地确定好在当时特定的情况下，彼此双方各自扮演何种角色。角色定位，是社会舆论对于处于某一特定位置之人的常规要求、限制和看法。当一个人的角色定位符合社会舆论要求时，人们就认可他，反之则会受到舆论谴责。角色定位包含以下几方面的内容。

（一）确定角色

恰当的角色定位是角色定位的首要工作，可分为生活角色和社会角色。在日常生活中承担家庭责任的角色就是生活角色，例如，一个男人在父母面前时，应当是一名孝子。在妻子面前则应是体贴的丈夫。而在子女面前，他要扮演一名称职的慈父。人们在社会工作中从事的职业属于社会角色，工人、农民、军人、学生、教师、歌手等，都属于不同的社会角色。

（二）设计形象

对服务人员而言，为本人所进行的形象设计，实质上就是要本人的角色定位具体化、明确化、形象化。所以服务行业的人员在为自己进行相应的形象设计时，就必须以朴素、大方、端庄、美观为第一要旨。在工作岗位上，服务人员的一切所作所为，包括仪容、仪态、服饰、语言乃至待人接物等，均应该符合职业道德和职业礼仪，而不得与之背道而驰（见图1-4-1）。

图 1-4-1　高铁乘务员职业形象

（三）特色服务

特色服务是指有别于常规服务的、具有某种特别之处的服务。

服务人员为服务对象提供特色服务时，一是要针对不同的服务对象进行不同的角色定位。如先对服务对象的性别、年龄、气质、教养、仪容、仪态、服饰、语言等方面进行综合观察，再进行角色定位，最后为其提供特色服务。例如，为老人、病人服务时应给予特别的关心与照顾。

（四）不断调整

在工作过程中，服务人员对服务对象所进行的角色定位并非一成不变，在工作中应细心观察、不断学习，并根据客人的特点和要求有所变化、有所调整。

因为服务人员对于服务对象的了解需要有一个过程，因此服务人员对于服务对象的角色定位也会自然而然地有所变化、调整。有些时候这种变化和调整甚至会是整体性、根本性的。

二、双向沟通

双向沟通是服务礼仪的重要理论支柱之一。以相互交流、相互理解作为服务人员与服务对象彼此之间进行相互合作的基本前提。双向沟通理论认为，离开了工作人员与服务对象彼此之间的相互交流、相互理解，服务人员要向服务对象提供令人满意称心的良好服务，通常是不太可能的。双向沟通的重点体现在以下几方面。

（一）理解服务对象

在工作岗位上，唯有正确地理解服务对象，服务人员才称得上能够以自己的优质服务去充分地满足对方的实际需要。人的需要分为：正常需要和特殊需要。正常需要是人人皆有的、相对稳定不变的基本需要。著名心理学家马斯洛提出的生理、安全、归属和爱、尊重、自我实现的需要，都属于人类正常需要的范畴。人类的特殊需要包括强调个人、展现实力、吸引异性等等，它是属于人类在某种特殊的情况之下所产生的需要。为客人服务时我们不仅要理解客人的正常需要，也要理解客人的特殊需要（见图1-4-2）。

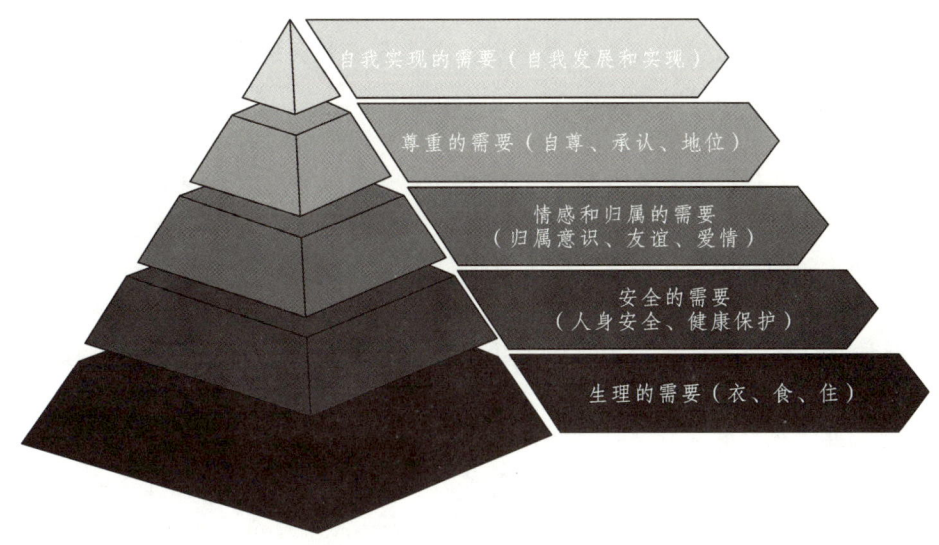

图1-4-2　马斯洛需求层次

（二）加强相互理解

在工作中仅有自己对于服务对象单方面的理解通常是不够的。在人际交往之中，要实现对于交往对象的真正理解，就必须换位思考，才能实现相互的理解。在一般情况下，双方之间的相互理解，往往是实现交往成功的基本前提。

（三）建立沟通渠道

建立沟通渠道，是真正实现沟通的前提。没有沟通渠道，在实际的人际交往中就难有沟通。因此，在双向沟通理论中，沟通渠道的建立是关键。

沟通渠道的建立，需要满足两个基本的条件，其一是约定俗成的沟通渠道，往往是在一定的地域、行业之内，由人们经过长期的社会实践逐步认定、逐步习惯，并且相沿成习的。其二是相对稳定的沟通渠道，常用的沟通渠道都应当具有相对稳定的特性。这样，才容易使人们对其予以认可、接受。否则，不仅会成为沟通的一种障碍，而且也自然而然地会遭到人们的排斥。当然，沟通渠道绝非一成不变。它的稳定性只是相对而言。

（四）重视沟通技巧

服务接待礼仪是服务人员与服务对象在服务过程之中实现双向沟通的一种最重要的沟通技巧，具有提高人们对于服务礼仪重要性的认识和端正人们对于服务礼仪实用性的认识的意义。

知识拓展

人际交往的沟通技巧

1. 换位思考

人与人之间要互相理解，信任，并且要学会换位思考，互相宽容、理解，多站在别人的角度上思考，为对方设身处地地想一想，或许我们就会发现整个事情并不像我们想象的那样。

2. 巧妙地聆听

聆听越多，你掌握的信息也就越多，就会被更多的人喜爱和接受，沟通会变得更加容易。认真地聆听别人，必将从中获得别人更多的好感与信任。

3. 有效地直接告诉对方

直言无讳地告诉对方我们的要求与感受，若能有效地直接告诉你所想要传达的对象，将会有效帮助我们建立良好的人际网络。但要切记"三不谈"：时间不恰当不谈、气氛不恰当不谈、对象不恰当不谈。

4. 恰当地运用肢体语言

了解身体语言的意义，培养自己的观察能力，善于从对方不自觉的姿势表情或神态中发现对方的真实想法。在使用身体语言的时候，要注意身体语言使用的情境是否合适，是否与自己的角色一致。少做无意义的动作，以免分散对方的注意力，影响沟通的效果。

5. 正确地使用语言文字

语言文字运用得是否恰当直接影响沟通的效果，使用语言文字时要简洁、明确、叙事说理；要言之有据、条理清楚、富有逻辑性；要措辞得当，通俗易懂；不要滥用辞藻；不要讲空话、套话。

6. 缩短信息传递时间，拓宽沟通渠道

信息传递时间过长，会减慢流通速度从而造成信息失真。因此，要减少组织机构重叠，拓宽信息渠道。在信息网络发达的时代，可以采用网络信息等工具，激发客人主动、积极地沟通。

三、三 A 法则

服务人员在工作岗位上服务于顾客时，务必要敬人之心常存，所作所为永远不失于对对方的敬意。真正做到了这一点，方才算是以礼待人。规范是服务人员欲向服务对象表达自己的尊敬之意时，必须抓住的重点环节如下三个，即接受对方，重视对方，赞美对方。在英文里，"接受""重视""赞美"这三个单词的第一个字母都是"A"，所以它们又被称作"三 A 法则"。

（一）接受服务对象——A（Acceptance）

无论是什么样的客人，在为其服务时，我们首先要从内心接受他，主要体现为服务人员对服务对象的真诚、热情，不应该怠慢服务对象，应当积极、热情、主动地接近对方，恰到好处地向对方表示亲近友好之意，将对方当作自己人来看待。

（二）重视服务对象——二A（Attention）

重视服务对象，是服务人员对服务对象表示敬重之意的具体化。主要表现为认真对待，并且主动关心服务对象。围绕着"以客人为中心"的准则为客人服务。

 小贴士

重视服务对象的具体方法

（1）牢记服务对象的姓名。
（2）善用服务对象的尊称。
（3）倾听服务对象的要求。

（三）赞美服务对象——三A（Admiration）

得到赞美是人类的高级心理需求。赞美服务对象，既表达了对对方的接受与重视，也是对对方的肯定。从某种意义上说，赞美他人实质上就是在赞美自己，就是在赞美自己的虚心、开明、宽厚与容忍。

 小贴士

赞美服务对象时的注意事项

1. 适可而止

赞美必须有所控制，并限量使用，否则无意义。工作人员对于服务对象的赞美，不可以一点儿没有，也不可以过度泛滥。点到为止、适可而止，是工作人员赞美服务对象时必须认真加以把握的重要分寸。

2. 实事求是

明确赞美与吹捧的区别。赞美与吹捧是有所分别的，真正的赞美，是建立在实事求是的基础上的，是对于他人所长之处的一种实事求是的肯定与认同，所谓吹捧，则是指无中生有或夸大其词地对别人进行恭维和奉承，即是为了讨好他人而成心要给对方"戴高帽子"。

3. 恰如其分

工作人员想要自己对服务对象的赞美被对方所接受，就一定要了解对方的情况，赞美对方确有所长之处。

四、首轮效应

首轮效应也称首因效应。人们在日常生活之中初次接触某人、某物、某事时所产生的即刻印象，通常会在对该人、该物、该事的认知方面发挥明显的作用。由于服务行业普遍存在服务周期短的特点，所以首轮效应在服务中有着决定性影响。

（一）第一印象

人们的第一印象至关重要，第一印象甚至往往会决定一切。

1. 必须注意"初次亮相"

单位在创建之初，必须注意认真策划好自己的"初次亮相"，以求使社会公众对自己有先入为主的良好形象，从而萌生好感并且予以认同。

2. 力求产生良好的第一印象

全体从业人员在面对服务对象时，均应力求使对方对自己产生较好的第一印象。这样，双方才会和睦相处，避免摩擦产生，服务对象才会对服务人员所提供的各项服务舒心满意，而不至于处处对其进行刁难，甚至吹毛求疵。

（二）心理定势

第一印象形成之后，往往会使人们产生某种心理定势。一般情况下，人们对于某人、某物、某事所产生的第一印象，基本上都是比较准确、比较可靠的。第一印象的形成主要基于对方在双方相逢之初的具体表现以及自己根据已往的生活经验对其所进行的即刻判断。第一印象一旦形成以后，短时间内通常都是难以改变的。所以，第一印象的形成是瞬时性的、非理性的、经验性的和不可逆的。

（三）制约因素

人们对于某人、某物、某事所形成的第一印象，主要来自在彼此交往、接触之初所获取的某些重要信息，这些重要信息形成第一印象的主要制约因素。

 知识拓展

人们在交往之初的重要信息

1. 个人方面

对于一个人来讲，直接影响到外界对他的第一印象的，主要有如下五个要素。

（1）仪容——指人的相貌与外观。

（2）仪态——包括人们的举止与表情。

（3）服饰——能体现出一个人的个人修养、生活阅历和审美品位。

（4）语言——在人际交往中，语言是一种最重要的交际工具。

（5）应酬——即待人接物。应酬时的态度、表现，往往会留给交往对象极其深刻的印象。

2. 事物方面

直接影响到事物方面第一印象的，主要包括如下四个要素。

（1）观感——具体是指人物在接触某一事物时，对其外观所产生的直观的感受。

（2）氛围——通常指的是在某种特定的环境之中给人以某种强烈感觉的现场景象、特殊情调或精神表现。

（3）传播——具体指的是与某一事物直接或间接相关的信息的广泛散布与广泛交流。

（4）人员——人们在接触某一事物的同时，往往遇到一些与该事物存在着某种关系的人物。

五、亲和效应

一个人具有了亲和力，能很快地融入生活，自然适应性会越来越好。在一个舒适的环境里，人们没有了杂念和歪念，学习的能力和效果都会加强，生活工作的效率会更高，人与人间也能更加和谐。

（一）近似性

在对方身上发现了和自己相同的地方，或者与交往对象之间的共同之处越多，双方更加易于亲近，并相互认同，这会给双方之间的正常交往带来积极的促进作用。例如发现对方和自己有同姓、同籍贯等相同点时，就会对对方有亲切感。

（二）间隔性

要发现双方之间的共同之处或近似之处，是需要一段时间的。亲和效应的这一特征，被称为间隔性。为客人服务时不可急于求成，应耐心对待客人，只有用真诚的笑容、周到的服务获取客人的信任才能发挥亲和效应的力量。

（三）亲和力

亲和效应在人际交往的过程中形成后，往往会在交往对象之间产生一种无形的凝聚力和向心力，这就是人们平常所说的亲和力。要想形成这种亲和力，应该做到如下方面：

1. 待人如己

在正常情况下，人们通常都会优先考虑自己的处境。爱护自己，保护自己，善待自己，这是人类的一种共性。

2. 出自真心

工作人员在为服务对象进行服务时，还必须认真注意，自己对对方的友善之意要出自真心，实心实意。

3. 不图回报

对服务对象的待人如己、亲密无间等，就不能够立即要求回报。事实上，出自真心的热情服务难以计价，更不可用金钱来衡量。

六、末轮效应

在人际交往中，人们所留给交往对象的最后的印象通常也是非常重要的。人们在塑造单位或个人的整体形象时，必须有始有终、善始善终、始终如一。

末轮效应在工作中有三大好处，首先，有助于在服务对象面前维护完美形象。然后，有助于热情服务过程中的善意真正地获得对方的认可，并且被对方愉快地接受。最后，有助于在服务过程中克服短期行为与偏见。

（一）抓好最后环节

应当用心抓好服务过程的最后环节。最后印象往往来自服务过程的最后环节，要想给服务对象留下完美的最后印象，就不能对服务过程的最后环节有松懈或者忽略。要抓好服务过程的最后环节，服务行业不仅应该从自己的"硬件"方面着手，还要使自己始终如一地在服务对象面前，保持"全心全意为人民服务"的高度热情。

（二）做好后续服务

后续服务包括：允许退货、准予更换、保质保修、安装检修、咨询指导、接待投诉、服务热线、服务上门等。

（三）着眼三个效益

在工作中，服务人员热情为服务对象服务，从根本上是着眼于单位社会效益与经济效益双丰收。服务人员在为服务对象热情服务时不可能不讲经济效益，但不可忽视的是对社会尽到应尽的责任和义务能获得社会对单位的好评，良好的社会效益必然会转化为经济效益。当今，生态效益已经被视为比前两者更为重要的效益，单位在环境保护，三废治理，节能减排等方面达到国家制定的标准，将有利于整个社会的可持续发展。

七、零度干扰

零度干扰是服务礼仪的重要支柱理论。即在服务过程中主动采取一切行之有效的措施，积极减少对方受到的一切有形或无形的干扰，力争达到干扰为零的程度。应当特别注意以下三个方面的内容。

（一）创造无干扰环境

任何一个场所的周边环境，或多或少地都对服务对象构成一定的影响。在某种程度上，该周边环境实际也是整体服务的有机要素之一。

（二）保持适度的距离

在人与人所进行的正常交往中，交往对象彼此之间在空间上所形成的间隔即交往对象之间彼此相距的远近。在不同的场合里和不同的情况下，交往对象之间的人际距离通常会有不同的要求。

小贴士

无干扰环境的创造应从以下几方面考虑

1. 讲究卫生

环境卫生,通常最为服务对象所看重,并且在其眼中直接与服务单位的档次、服务水平的高低相挂钩。

2. 重视陈设

单位的陈设与装潢,既要文明、美观,又要安全、实用。更加重要的是,它应当充分发挥吸引与方便服务对象的功能。

3. 限制噪声

在正常的环境下不应当存在的嘈杂、刺耳的有碍于人的听觉的声响。工作人员在为服务对象进行服务时,一定要将有碍于对方的噪声限制到最低点。

4. 注意气象

气象状况在这里特指服务进行时现场的温湿度等重要的指标。在正常条件下,人们在享受服务时,对于现场的温度、湿度往往会有一定的要求。服务现场的温度、湿度如果反常,都是对服务对象的一种干扰。

5. 注意光线与色调

光线的明暗与背景色彩,对于服务对象的消费心理都有一定程度的影响。

 阅读材料

空间理论

美国人类学家爱德华·霍尔在实验后得到的个人空间理论中,把空间距离分成了亲密距离(45厘米以内)、个人距离(46~122厘米)、社交距离(123~220厘米)、公共距离(200~400厘米)。服务人员在工作中大致会使用到以下几种距离。

1. 服务距离

服务距离是服务人员与服务对象之间所保持的一种最常规的距离。它主要适用于服务人员应服务对象的请求,为对方直接提供服务之时。一般情况下,服务距离以0.5~1.5米为宜。

2. 展示距离

展示距离是服务距离的一种较为特殊的情况。即服务人员需要在服务对象面前进行操作示范,以便让后者对于服务项目有更直观、更充分、更细致的了解。展示距离以1~3米为宜。

3. 引导距离

引导距离是服务人员在为服务对象带路时彼此之间的距离。根据惯例,在引导之时,服务人员在服务对象左前方1.5米左右的位置行进。

4. 待命距离

待命距离是服务人员在服务对象尚未传唤自己、要求自己为之提供服务时，须与对方自觉保持的距离。在正常情况下，它应当是在 3 米之外。

5. 信任距离

信任距离是服务人员为了表示自己对服务对象的信任，同时也是为了使对方对服务的浏览、斟酌、选择或体验更为专心致志而采用的一种距离。即离开对方而去，从对方的视线中消失。

（三）热情服务无干扰

服务人员在向服务对象提供热情服务时，必须同时具有对对方无干扰的意识，实际上就是要求服务人员在服务过程之中务必谨记需热情有度。所谓热情有度，主要是指服务人员在为服务对象热情服务时，务必要把握好热情的具体分寸。

 知识拓展

热情有度分别从语言、表情和举止中体现

一、有度的语言

除了以常规礼貌用语，向服务对象主动致以友善的问候之外，一般不宜再多此一举地对对方多言多语。否则，就会产生负面影响，对对方形成一定的干扰。

（1）**不当的征询**——动辄询问服务对象："您需要什么？"假如对方在语言、表情、动作上均无此种要求时，服务人员其实是不应该主动进行询问的。

（2）**不当的邀请**——当一位客人在一家店铺门口驻足时，想不想进去看一看，完全是其个人自由。如此刻对其主动相邀，会扰乱对方的思绪。

（3）**不当的推介**——服务内容新不新，价格公道与否，服务对象自己对此完全是心明眼亮的。服务人员上前推荐介绍就毫无必要了。

二、有度的表情

在人际交往中，表情通常亦被人们视为一种信息传播与交流的载体。服务人员在向服务对象进行服务时，有必要对自己的表情自觉地进行适当的调控，以便更为准确、适度地向对方表达自己的热情友好之意。

（1）**不佳的眼神**——在服务过程之中，服务人员要注意好自己的眼神。斜视、俯视、藐视、久视都是要避免的。

（2）**不佳的笑容**——在服务过程之中，服务人员还要注意好自己的笑容。真正的微笑是一种内心活动的自然流露，即是一种心笑，应当来自人的内心深处，体现一个人的内心深处的真、善、美。

三、有度的举止

服务人员在为服务对象提供服务时，一定要切记对自己的举止有所克制。下列四种情况都有可能干扰对方的举止，理当严禁。

（1）不卫生的举止——当着服务对象的面，对自身进行诸如擤鼻涕、挖鼻孔、掏耳朵之类的卫生清理，或者随意用自己的手以及其他不洁之物接触服务对象所用之物，都属于不卫生的举止。

（2）不文明的举止——工作人员的某些不文明的举止，例如，当众脱鞋、更衣、提裤子、穿袜子等均属于不文明的举止。

（3）不敬人的举止——对服务对象指指点点，甚至拍打、触摸、拉扯、追逐、堵截对方，显得非常失敬于对方。

（4）不负责的举止——有些服务人员未经服务对象同意，便一厢情愿地将自己正在销售的商品或说明书硬塞到对方的手中，这是一种强加于人的不负责任的表现。

项目 2
树立服务意识

近年来，服务行业工作人员的服务意识日渐加强，"笑脸相迎"成为常态化，一站式服务也落到了实处，真正把群众的事当作自己的事，亲力亲为，用心去解决落实。高铁服务作为最贴近群众的窗口，要想做到亲民、为民、服务于民，增强服务意识就显得尤为重要。

树立服务意识动画扫码观看

案例导入

一位大学教授在乘坐高铁时，连发 6 条微博"炮轰"京沪高铁 VIP 服务。"G17 的服务意识和水平太差了！"

钱教授乘坐的是 G17 次列车，票价 1 750 元，15 时从北京出发，19 时 55 分抵达上海虹桥火车站。"不满"是钱教授旅途中的最大感受。"据说高铁倡导'有需要有服务，无需要无打扰'，事实是我按服务铃十几分钟不见人来。上车要杯咖啡，至今未见！这也叫服务吗？！"钱教授在微博上如此记录。

铁路部门曾明确表示，VIP 旅客实行"无干扰"服务，在发放完免费小食后，则不会打扰。旅途中旅客如有需要，可以按下服务按钮。根据流程，一旦旅客按下服务按钮，在该节车厢一端的工作台上会有一个屏幕亮灯，并显示是哪个座位的旅客需要服务，列车员看到后应迅速赶到乘客座位边，提供相应的服务。

记者随后了解到，该趟车的列车员属于上海铁路局。钱教授位于 16 号观光车厢。铁路部门有关负责人解释，由于返程时间较紧，列车员事先没有准备好咖啡，加工时间长导致服务延后，"大约耽误了 10 多分钟，并已向教授表示了歉意"。

在京沪高铁开行前，铁路部门制定的《京沪高铁 VIP 旅客服务标准（试行）》出台，其中就要求服务员途中要随时巡视，为旅客添加饮品。

据介绍，16 节京沪高铁列车的标准配置是"一长五员"，其中商务车厢和观光车厢专门配备一名乘务员。如此安排，就是为了让乘客的 1 750 元的 VIP 票价能物有所值，并及时得到相应的服务。

"服务未赶上车速发展"，商务座的硬件完全能与民航头等舱相比，座位宽敞以及舒适程度甚至超过了部分机型。同时，也提供了多种饮料供旅客选择，有正餐和休闲小食品，还能阅读免费报纸和杂志。可是，软件服务仍有差距。

乘坐过商务车的旅客告诉记者，在买票时售票员根本没有提及 VIP 有何特殊服务，更未告知有 VIP 候车区和专用进站通道。到了车站后，询问多位车站的服务人员也没有得到正确的回复，最终只得在普通候车区进站。"仅凭硬件先进，是无法赢得旅客的，软件服务还得向民航学习。"该旅客说道。

VIP 旅客服务尚且如此，普通旅客的服务又如何？记者了解到，除了服务商务车厢、观光车厢的列车员外，其余列车员和列车长要服务剩余 15 节车厢，平均 3 节车厢配一名乘务员。二等座位 3 节车厢的旅客数将近 250 人。在至少 5 个小时的旅途时间内，不少旅客表示，除了见到餐服员推售货车出现，几乎很少见到列车员。

"快不是唯一价值，更不是万能遮丑布！"这是钱教授在微博上对于高铁服务的评价。

案例分析

如何关注顾客的服务体验？当列车车速飞奔至 300 千米，甚至 350 千米的时候，列车上的服务也应该跟着一起提速。

任务 1　服务意识决定服务质量

服务是一个较为广泛的概念。一般认为，为满足他人的需求而提供的劳务活动就是服务。对于服务业的从业人员来说，他们的奋斗目标就是为人民提供高品质的服务。社会越发达，社会服务就越广泛。

现代高铁凭借廉价、快速及安全的优势，已经成为广大出行者外出交通方式的首选，而交通业作为"窗口"行业，它对员工的服务意识、职业素养、礼貌要求就更高了。高铁服务有其特定的内容，通过服务人员在自己的工作岗位上向服务对象提供标准、正确、高质量的客运服务，来为旅客带来一段舒心的旅途感受。

案例导入

2019 年 4 月 21 日，京广高铁赤壁北站因强降雨而导致设备故障，使经过该区段的列车大面积晚点。受此影响，长沙南站近 30 趟列车晚点。据网友曝料，从北京开往邵阳的列车 G533，原计划于 4 月 21 日 13:02 出发，18:41 到达终点站，22:00 仍在湖北孝感附近停靠。一些乘客情绪激动，围堵在列车长室门口，训斥列车长："你干这个岗位，就必须解决！"列车长带着哭腔，称自己也没办法，只能逐级反映。

列车因不可抗力晚点，本是无法避免之事。但事后的应急处置却是事在人为。此事中，乘客因晚点而情绪激动，责备列车工作人员，固然是不值得提倡的行为，然而此事暴露出的铁路部门应急意识、服务意识欠缺的问题，更值得我们深思。

列车晚点之后启动必要的应急预案,是列车服务不能推卸的责任。一方面,铁路方面应该提升应急服务质量,必须照顾到现实。高铁时代,选择高铁出行的乘客对列车准点率以及相应服务的要求,较绿皮车时代已大为不同。不能按照之前的服务标准来应对旅客,一是要安抚好旅客情绪;二是要保障食品和水等物资供应;三是要及时传达相关信息。

另一方面,铁路系统应该通畅信息,面对此次晚点,列车长只能逐级向上反映。铁路运行是一个复杂系统,相关信息的通报、反映,有相应程序这点并非不能理解,但是这并不能成为信息滞后的理由,提升信息流通的效率,让列车长在面对突发情况时能够更主动更从容,也让乘客能够知道相关进度和信息,更加安心等待。

📋 案例分析

中国铁路已经进入高铁化时代,铁路系统也早已步入公司化运营时代,那么铁路部门应该提升列车服务意识,加强应急培训,在列车晚点时才能做到按部就班,秩序井然,才能够跟上高铁时代的发展步伐。

意识是人的头脑对于客观物质世界的反映,也是感觉、思维等各种心理过程的总和。在服务工作中,意识决定质量,让员工了解自我意识、角色意识、岗位意识、服务意识对提高他们的服务质量来说有重要意义。

一、自我意识

自我意识是意识的形式之一,是人对自身的认识和态度。自我意识是多维度、多层次的复杂的心理系统,是人不断社会化的过程,服从是自我意识的重要标志,良好的自我意识对人格的形成、发展起着调节、监控和矫正的作用。

(一)从形式上,自我意识包括自我认识、自我体验、自我调节

1. 自我认识

属于自我意识的认知成分,指个体对生理自我、社会自我、心理自我的认识。如自我感觉、自我观察、自我概念、自我评价等,其中自我概念和自我评价是自我认识中最主要的一方面,既集中反映个体自我认识乃至整个自我意识的发展水平,也是自我体验和自我调节的前提。

2. 自我体验

属于自我意识的情感成分,指个体对自己所持的态度,如自尊、自信、内疚、自豪感、成功感等。服务很难实现标准化,每次服务带给顾客的效用、顾客感知的服务质量都可能存在差异,这主要体现在以下三个方面:

第一,由于服务人员的原因,如心理状态、服务技能、努力程度、情境变化等的不同,即使同一服务人员提供的同一类服务在质量上也可能会有差异。

第二，由于顾客的原因，如知识水平、性格、曾经的服务经历等，也直接影响服务感知的质量和效果。

第三，由于服务人员与顾客间相互作用的原因，在不同的时间和空间，顾客购买和消费过程中，即使是同一服务人员向同一顾客提供的同类服务也可能会存在差异。

3. 自我调节

属于自我意识的意志成分，指个体对自己的心理和行为的调控，如自制、自主、自立、自我监督、自我控制、自我教育等。其中，自我控制和自我教育是自我调节中最主要的方面。

（二）从内容上看，自我意识包括生理自我、社会自我、心理自我

1. 生理自我

指个体对自己的存在、行为和对自己身体、外貌、体能等方面的意识。

2. 社会自我

指个体对自己在各种社会关系中的角色、地位、权利、义务、人际距离等方面的意识。

3. 心理自我

指个体对自己的人格特点、价值取向、心理状态、心理过程等方面的意识。

自我意识是个体社会化的结果，是个体在同他人交往的社会实践活动中的产物。

二、角色意识

角色意识是生物个体或团队根据自己的身份所折射出来的，是人们在承担某种角色时，明确意识到自己所担负的责任，意识到社会及他人对自己行为的期待，并努力用自己的行动去表现。服务人员在工作过程中对乘客所进行的角色定位并非一成不变，而是依据具体情况不断地变化、调整。

（一）角色定位

角色定位是人事管理的最高境界，在一定的系统环境下（包括时间），在一个组合中拥有相对的不可代替性的定位。即社会舆论下对于某一特定位置之人的常规要求、限制和看法，是服务礼仪的基本理论之一。

（二）角色分工

组织对角色能力的要求是不断变化的，依据成员所表现出来的个性及行为特征，在赋予角色权利的同时，必须承担角色责任，让成员分析自我能力与特质，找准自己在团队中的定位，使团队的构成更多元、更合理。

（三）职业角色

社会和职业规范是对从事相应职业活动的人所形成的一种期望的行为模式。高铁服务人

员承担着为乘客提供优质服务的职业角色，他们需要确保旅客出行的安全及舒适，处理突发事件，针对不同的群体适时变化职业角色。

（四）社会角色

社会角色是指在社交活动中，处于某一社交关系状态的人。生活在社会中的每一个人都要扮演一定的角色，一个人能够控制自己的情感和行为，既是一种良好的意志品质，也是一种善于控制和支配自己行为的能力。

（五）社会服务

服务人员有了角色意识以后，在岗位上应该做到自律和服从。从社会服务的广义来说，任何一个生活在社会中的人都是平等的，"人人为我，我为人人。"服务人员应该意识到，乘客是有感情、有自尊、有个性的人，必须受到尊重；乘客是用货币购买了"服务"这个特殊商品的客人，他们的社会角色决定其处在"至上"的位置，更应该受到尊重，得到优质服务。

三、岗位意识

岗位是组织要求个体完成的一项或多项责任以及为此赋予个体的权力的总和。岗位与人对应，通常只能由一个人担任，一个或若干个岗位的共性体现就是职位，职位可以由一个或多个岗位组成。通过对岗位工作环境、管理风格、工作目标、过程管理、晋升路径、人际关系等的认知和理解，调整自己的心态与之适应。这就是岗位意识。

> **案例导入**
>
> 英国和美国的两家皮鞋工厂，各自派了一名推销员到太平洋上某个岛屿去开辟市场。两个推销员到达后的第二天，各给自己的工厂拍回一封电报。英国人发的电报是："这座岛上没有人穿鞋子，我明天搭第一班飞机回去。"美国人发的电报却是："好极了，这个岛上没有一个穿鞋子，我将驻在此地大力推销。"
>
> **案例分析**
>
> 心理暗示对人的行为能产生实际的影响。积极的心态能让人自信乐观地面对每一件事情，消极的心态则会对行为产生妨碍，导致不良的结果。

（一）提高岗位意识

每个员工在自己的岗位上充分发挥其工作能力，有质量、有保障地完成工作任务。不断强化岗位意识，充分发挥自身的岗位职能，提高工作效率。

（二）强化担当意识

岗位担当重在责任落实，不论处在什么岗位，都应该强化岗位担当意识，主动作为、勇挑重担，敢于负责。只有牢固树立岗位担当意识，才能保持高昂的斗志，提升工作境界，推动工作落实。

（三）建立大局意识

严格按照企业规章制度办事，对企业的战略目标有准确的理解，工作思路清晰，与团队成员精诚合作，勇于奉献，能起到带头表率的作用。

四、服务意识

服务意识是指人们从事服务活动的主导思想意识，是在一定的经济、文化环境影响下，在人们长期的营销服务实践中逐步形成的，它反映了人们对服务活动的理性认识。服务意识的特点表现为：它是发自内心的，是一种习惯和本能，是可以通过培养、教育训练形成的。

良好的服务意识是指企业全体员工在与一切企业利益相关的人或企业的交往中所体现的为其提供热情、周到、主动服务的欲望和意识，即自觉主动做好服务工作的一种观念和愿望（见图2-1-1）。

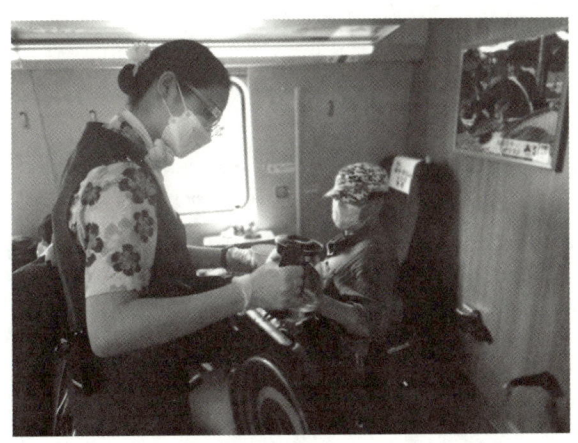

图2-1-1　高铁乘务员主动为客人加水

（一）树立"乘客至上"的理念

服务是铁路运输行业的基本属性。一个企业的知名度和美誉度高低，往往取决于公司服务质量的高低，而服务质量通常包括人和物两个决定性因素，在物的因素差别不大的情况下，影响公司服务质量的主要因素就是服务人员的服务意识和工作态度。

（二）树立质量是运输企业生存之本的理念

运输市场的竞争，核心是质量的竞争。服务员在为旅客提供规范服务的同时，更应该关注乘客的感受，及时了解乘客的需求并提供有效的服务，使乘客时刻感受到自己受到尊重。

（三）树立客运服务质量标准化的理念

为旅客提供优质服务，必须对服务质量进行标准化考核。以"标准"为依据，去衡量、考核和检查服务质量。服务人员只要认真按照服务标准去操作，就会把自己原有的水平提高到一个新的高度，并且在服务实践中，不断总结出更科学、更先进的服务方法和经验，进而使服务标准始终保持先进。

（四）旅客是评价服务质量的主体

根据广大旅客对服务的满意度，来检验、评判客运服务质量，把评价结果作为改进工作的基本依据，有效地促进客运服务质量，把旅客是否满意作为检验铁路客运服务质量优劣的最终标准。

任务 2　端正服务态度

服务态度，是指乘务人员在对乘务工作认识和理解的基础上，一种对顾客的情感和行为倾向，是服务意识的具体表现，通过乘务人员耐心细致的服务，认真负责的工作态度，用娴熟的服务技能和强烈的安全意识，在规范化服务的基础上，灵活地做好服务工作，达到使客人满意的效果。

一、情绪的体验

每个人都有愉悦和不愉悦的时候，但无论在什么情况下，能够控制、调整、转移自我状态，引导交际活动趋于和谐美好，是一种礼貌修养和掌握自我意识能力的表现。

> **案例导入**
>
> 　　一天，某人在山间小路开车，正当他优哉游哉地欣赏美丽风景时，突然迎面开来一辆货车，货车上的司机还摇下窗户对他大喊一声："猪！"
> 　　这人越想越纳闷，也越想越生气，于是他也摇下车窗回头大骂："你才是猪！"才刚骂完，他便迎头撞上了一群过马路的猪。
>
> **案例分析**
>
> 　　不要错误地理解别人的好意，那只会让自己吃亏，并且使别人受辱。在不明所以之前，先学会按捺情绪，耐心观察，以免事后产生悔意。

在高铁客运服务中，乘客对于服务人员的服务态度是极为敏感的，他们通过服务人员的情绪来体验服务态度，并在自己的精神上产生某种感受。服务人员的热情服务，来自对自己的职业的肯定和对自身社会价值的认定。在服务中表现出一种积极的、主动的情绪，若乘客感受到亲切、温暖、舒适、安全和人情味，就会产生"宾至如归"的享受。

引发冲突的原因是多方面的，其中最主要的就是意见和看法上的分歧。要在适当的时候回避客户忌讳的事情，这样不仅是为了保住客户的面子、保住客户的隐私，更是为了证明我们作为一名服务人员对客户充分尊重。

（一）创造外部良好环境

每个人都有情绪失控的时候，很多负面情绪会影响我们的工作和生活，我们需要对这些负面情绪加以控制。对待愤怒、悲伤或焦急的情绪，需要找到能疏导感情的渠道。

（1）一些陶冶性情的艺术类兴趣爱好，如琴棋书画、唱歌跳舞等艺术类活动，能给人发泄感情的空间。

（2）加强体育锻炼，如健身、游泳、打球等，想象一下将坏情绪像球一样被打出去，或随着汗水挥洒出去，能给人一种痛快的感觉。

（3）找到倾诉的对象，能在心情不好的时候通过打电话或者与其当面分享自己的烦恼。

（4）通过记日记和工作笔记来理清思绪，在记录的过程中人们可以对过去发生的事总结经验，使自己能客观对待。

（5）给自己创造一个愉快的生活环境，或者将自己置身于一个令人心旷神怡的自然环境中，从生理上舒缓紧张的情绪。

（二）了解自己的情绪变化

除了为自己创造良好的外部环境之外，更重要的是要了解自己的情绪变化，知道什么样的生理、心理或外部因素会影响自己的情绪，以备在预测到自己会因为某事陷入情绪低谷时，可以提前"打预防针"。

（1）培养坚毅的性格。

（2）寻求多方支持，爱、合作、诚实是良好情绪生活的重要资源。

（3）运动强身。运动有益于情绪及身心，研究发现，运动者有较好的心肺功能，工作一整天以后通过运动最能降低压力，例如跑步就能使心脏中的血液流入大脑，促使人清醒，从而改善记忆力，消除郁闷。

（三）对不良情绪的调整

1. 能量排泄法

当生气和愤怒时，可以到空旷的地方去大喊几声，参加一些重体力劳动或者进行比较激烈的体育活动。在过度悲伤和痛苦的时候，哭泣也不失为一种排解不良情绪的有效办法。哭泣可以释放能量，调整机体平衡。

2. 语言暗示法

语言是人类特有的高级心理活动，语言暗示对人的心理乃至行为都有着奇妙的作用。当不良情绪要爆发或感到心中十分压抑的时候，可以通过语言的暗示作用，来调整和放松心理上的紧张，使不良情绪得到缓解。

3. 环境调节法

亲近大自然，能扩大胸怀，愉悦身心，陶冶情操。心绪不好或感到压力大时，可以到户外走一走，舒缓一下情绪，长期处于紧张工作状态的人，定期到大自然中去放松一下，对于保持身体健康，缓解身心紧张也大有益处。

4. 倾诉法

当情绪受到压抑时，应把心中的苦恼倾诉出来，特别是性格内向的人，光靠自我控制、自我调解是不够的，这时可以找到值得信赖的人倾诉自己的苦恼，求得别人的帮助和指点。

5. 自我激励法

自我激励既是人们精神活动的动力之一，也是保持心理健康的一种方法。

6. 创造快乐法

笑容不仅能去掉烦恼，而且可以调节精神，促进身体健康。

二、服务的情绪特点

作为一名服务人员，我们的职责是为客户提供优质的服务，积极争取客户，有效地避免和客户正面冲突。"仁者见仁，智者见智"，对于同一个人，同一件事，不同的人往往会有不同的看法。

 案例导入

投石问路

一名推销机床的销售员来到一家工厂，他所推销的机床要比这家工厂正在使用的所有机床速度都快，而且用途多、坚韧度高，只是价格高出该厂现有的机床许多。虽然该厂需要这种机床，也承担得起，可是因价格问题，厂长一直犹豫不决。

后来销售经理出面了，他对那位厂长说："我们的机床价格是高，但性价比更高。要不这样，我让您免费试用一段时间，您看如何？"厂长想到可以把这台机床用于一些特殊零部件的加工生产，还能节省大笔费用，爽快地答应了。

机床一到，工厂就将其开动起来。只用了 4 天时间，就把用原有机床需一周的加工任务完成了，看来新机床确实是挺先进的。但厂长还是认为没有它也能对付过去，毕竟这台机床太贵了。正在此时，销售经理打来电话："机床运行得好吗？"厂长说："很好。"销售经理又问："还有什么问题吗？是否需要我们的技术人员提供帮助？"厂长回答："不需要了，感谢啊！"对方没有提成交之事，只是询问机床的运行情况，还要派技术人员。他很高兴，也有些感动。

此后的情况证明，新机床确实是速度快、用途多、坚韧性高。不仅提高了工作效率，而且新机床的加工精度非常高。原来工厂自己无法加工制作只得外购的零配件，现在也可以自己加工制造了。当跟车间的工人谈到新机床不久就要运回去的时候，车间主任列出了许多理由，说明他们必须有这台机器，工人们也纷纷过来帮腔。"好吧，我会考虑的。"厂长回答说。

一个月后，当销售经理再次来到工厂时，厂长已经填好了购买这台机床的订货单。许多时候，我们经常面临签单的困难，但是，有人做到了，而且不用耗费过多精力。这其中的差别，或许就是是否用心去想办法了。

案例分析

这位销售经理非常了解客人的情绪特点，在销售中不莽撞推销产品，而是机智地投石问路，通过试用，让顾客爱上甚至离不开他的产品。

铁路服务面对的对象是人，人是复杂的，需求也各异，服务人员对每一个乘客提供服务的过程也会不同。

（一）直接性

服务人员以劳务的方式直接面对面地给乘客提供服务，满足他们的需求。在服务过程中，乘务人员的行为举止将直接展示在乘客的面前，乘客直接以此评价服务质量。

（二）即时性

乘车过程中，服务人员和乘客之间发生的产品（服务）生产、交换、消费过程是同时进行的，服务员提供的产品受乘客的即时需要限制而必须定时定量地进行，有些服务可能转瞬即逝。

（三）感受性

乘客在旅途过程中有社交、尊重、审美和自我发展等高层次的精神需求，因此，服务人员不仅能向乘客提供物质性的需求，更有精神、情感和审美的需要。服务人员的友好态度与胜任工作的能力，能增强顾客对企业服务质量的信心和安全感。

（四）可靠性

企业准确无误地完成所承诺的服务，特别是在空间和时间及服务人员发生变化后，还能保证服务的一致性。

三、"以人为本"的服务理念

高铁在服务上最大的优势是通过硬件设备的大幅度提升来满足旅客的需求，即通过设备的改善来满足旅客的基本要求，列车员的服务已处于辅助状态，相对于传统的旅客服务，服务方式已经发生根本性变化,从列车员的直面服务转向旅客的自主服务,客服的最高境界是既要服务于无形之中,又要使旅客感觉到服务的无处不在,无时不有。

> **案例导入**
>
> 　　一对外国贵宾夫妇乘火车旅游。上车前,他们特别要求翻译向列车长说明他们的宗教信仰。
> 　　午餐时间,一位列车员笑容可掬地给他们送来了午餐。她右手拿着托盘,左手将餐具、午餐一一礼貌地递到他们面前。这时候,这对外国夫妇突然脸色大变,并用本民族的语言大声说着什么。他的表情看上去非常愤怒,列车员一脸茫然,不知所措。
> 　　这一切只是"左手"惹的祸。在他们这种特殊的宗教信仰的民族看来,左手是绝对不可以用来端送食物;否则,便是莫大的侮辱!而刚才列车员就是一直用左手递送食物。
> 　　虽然列车长赶来后,总算是平息了这场风波,但在这对夫妇的心里,这次旅行无疑是不愉快的。
> 　　作为一名合格的服务人员,特别是有机会接触不同国家客户的服务人员,应特别注意各国不同文化差异带来的不同习俗。只有适当了解,才能更好地开展服务工作。
>
> **案例分析**
>
> 　　"以人为本"就是要从人的特点或实际出发,一切制度安排和政策措施要体现人性,考虑人情,尊重人权,一切从旅客的出行需求出发,为旅客提供贴心的服务,凸显精细化管理。

高铁服务关系到铁路"窗口"的总体形象,服务人员要本着旅客至上的原则,坚持"人民铁路为人民"的服务宗旨,周到热情地为旅客服务。在此基础上,还要进行服务理念的创新,在全面创新的基础上不断优化。

(一)遵循以人的发展为中心

在所有的资源中,最重要的资源就是人力资源。当今世界技术经济的竞争,归根结底是知识与人才的竞争。人才是服务的主体,积极调动人的积极性和创造性,尊重人的价值和能力,人性化和个性化是服务的关键。

(二)注重人力资源的开发和有效利用

人们通过科技享受着便捷服务,将传统的经验与现代化的技术手段结合起来的科技化服务日益完善。我们在依赖科技,不是为了简化服务,而是通过科技的先进性,把企业特点与科技相结合,以服务管理让企业与市场零距离接触,引导企业可持续性发展。

四、优质服务的标准

企业的生存与发展、声誉与效益，靠的是向客户提供全方位的优质服务，包括一流的设备条件和一流的服务水平。高质量的服务对于交通业的成功无疑是极为重要的，安全、优质的服务既是交通业的生命，也是其竞争力的关键所在。

 案例导入

小章是公司信息部技术员。他技术不错，工作上也挺卖力，就是形象有点不拘小节。即使穿制服，他也打扮得"派头"十足：每只手都戴一个大手串，脖子上还挂着长长的星月菩提串儿，头顶是一根根竖起的黄色头发。同事们干脆戏称他为"嚣张"。

有一次，公司派小章到一客户家做机器检修，"咚咚咚"地敲了七八声后，一位女士将门打开一条缝，小章说了 6 个字："我是来检修的。"对方看看小章的打扮，又听到他说的话，没让他进门，直接把电话打到公司要求换人。客户说，实在不放心让他进来。即使小章再三解释，也无济于事，直到公司派来其他同事才算了事。

 案例分析

客户对工作人员的第一印象，往往等同于产品品质、服务品质。工作场合保持良好仪态，这是训练有素、专业敬业的服务人员应有的素质和风范。

服务质量是指服务业所提供的各项服务适合并满足乘客需要的自然属性，在质量管理上即为质量特征，即指服务的优劣程度。高铁优质服务可以有两方面的标准，即功能性标准和心理性标准。

（一）功能性标准

功能性标准主要指服务的程序和规范，它具有物质性，必须科学、严密。

1. 流线服务

要求各部门在任何时刻都能正常开展业务，使乘客感到顺畅、方便。

2. 适合适宜

在服务过程中能满足乘客在不同阶段所期望提供服务的时间，掌握不同乘客的心理，掌握他们各种需求的规律。

3. 方便

制定服务制度和程序一定要方便乘客，首先要考虑如何为他们提供高效率服务，其次才是如何使工作人员在操作上得到便利。

4. 事前行为

把服务工作做在乘客开口之前，乘务人员选定最佳服务时间一定要放在事情即将发生之时，而不是刚发生和发生以后。

5. 信息交流

服务人员和乘客之间，服务人员和管理人员之间还要经常进行简明扼要的信息交流，并要求信息交流准确、安全、及时，以提高服务质量。

6. 乘客的反映

服务人员要不断了解乘客对服务质量的需求和期望，并根据他们的反映，及时发现问题，改进服务程序。

7. 监督

规范的服务制度一定要相互协调，加强有效的监督，使乘客感到服务规范化。

（二）心理性标准

心理性标准是精神层面的，多表现为社交、尊重、审美、自我发展等方面的需要。

1. 态度

服务人员在岗位上自觉保持一种积极主动的精神状态，使乘客感到亲切、温暖，并产生好感，要提倡热情服务。

2. 仪态

注重服务中的形体语言，给乘客以落落大方的美感。

3. 语音语调

优质服务需要保持一个开朗、友好、轻松的语调去传递信息。

4. 机智

掌握服务和沟通的技巧，机敏灵活地运用语言和形体语言，处理在不同情况下发生的问题。

5. 热情

服务人员做到细致入微，提供礼貌、热情和周到服务。

6. 引导

服务人员要有广泛的业务知识，积累足够的工作经验，机敏地全面了解乘客的需求，适时提出有益的建议，表示对乘客的关怀。

7. 解决问题

当乘客对我们的工作提出批评时，服务员应本着"有则改之，无则加勉"的原则虚心听取。

项目 2　树立服务意识

 小贴士

出于对客户的尊重，避免矛盾纠纷的产生，我们对那些客户避讳的事情要适当地回避，在和客户沟通时，注意以下几点：

不谈政治。

不谈比赛或有关输赢的话题。

不谈客户的忌讳和缺点（比如容貌、身材）。

不谈不景气或失败的话题。

不谈竞争对手的坏话。

不谈你的老板或同事。

不谈你其他客户的秘密。

不谈自己业绩，不过分浮夸。

任务 3　提升服务技能

铁路运输生产具有连续性、全局性、动态性、开放性和全天候作业的特点。安全是交通业的生命线，优质的服务可以提高行业的声誉。高铁运输要力求硬件设施的运营和控制系统 100%的正常，同时，铁路服务也要求热情服务无干扰。无论是软件还是硬件出现故障，铁路方面都要能做出迅速反应，立即启动应急预案。

 案例导入

中国高铁，有哪些指标领先世界？

我国着眼于满足人民群众对美好生活的向往，结合运输供给侧结构性改革，大力实施客运提质计划和复兴号品牌战略，全面提升高铁运营品质，打造了具有世界一流运营品质的中国高铁品牌。

安全性方面：坚持把"安全第一，质量为本"的理念贯穿于高铁建设和运营管理的全过程、各方面，深入实施高铁"强基达标、提质增效"工程，健全高铁人防、物防、技防"三位一体"安全保障体系，推进高铁外部环境安全综合治理，确保了高铁运营的安全、持续、稳定。2008～2020 年，我国高铁每百公里平均事故率较境外高铁低 82%。截至 2021 年 6 月底，我国高铁已累计安全运行 92.8 亿公里、相当于绕地球 23.2 万圈，安全运送旅客 141.2 亿人次。

效能性方面：发挥高铁成网运营效应，实行"一日一图"，优化和增加高铁产品供给，列车开行数量持续增长、通达范围不断拓展。目前，全国铁路日均开行动车组列车 7 400 多列，占全部旅客列车开行数量的 77%。世界银行 2019 年的研究报告指出，我国高铁客运密度大约是欧洲高铁客运密度的两倍。

舒适性方面：我国高铁线路基本采用无砟轨道，铺设重型超长钢轨和无缝线路，具有超高的平顺性。复兴号动车组采用减振性能良好的高速转向架，车体振动加速度小、振幅低、噪音弱，平稳性指标达到国际优级标准，较好地解决了列车空气动力学、轮轨关系、车体气密强度等技术难题，提高了列车进出隧道、高速交会时的安全性和舒适度。车厢内空调系统新风达到 16 立方米/人小时，比其他国家高 7%~60%；车体宽，空间大，横断面积达到 11.2 平方米，比其他国家多 14.3%，为旅客提供了宽敞舒适的旅行环境。

便捷性方面：我国建成了世界上规模最大的售票系统——12306铁路互联网售票系统，单日售票能力超 2 000 万张，目前互联网售票比例为 86.2%，单日最高达 90%。依托 12306 平台，推动高铁网与互联网"双网融合"，推出电子客票、移动支付、在线选座、刷脸进站、互联网订餐等服务举措，同时保留纸质车票、车站窗口等传统服务渠道，保证老年人和脱网人群的出行便利，显著提升了铁路服务品质。

经济性方面：我国高铁平均票价率约为其他国家的1/3 至 1/4。"十三五"期间，我国高铁累计实现票价收入 11 044.7 亿元，占铁路客运收入的比例由 2015 年的 53%上升至 2020 年的 78%。世界银行 2019 年研究报告称：虽然中国高铁线路中高架桥梁和隧道占比很高，但高铁网络平均建设成本仅为其他国家的 2/3，高铁网络经济回报率为正，有理由对中国高铁干线线路的长期经济可行性保持乐观。

案例分析

我国高铁的安全性、效能性、舒适性、便捷性、经济性等运营指标，均处于世界领先或先进水平。在高铁技术发展与前进的过程中，各国都在加快新一代高铁的研发速度，中国的企业决不能满足于现有成绩而故步自封或裹足不前，企业应当随时保持紧迫感和忧患意识，在各个方面不断地积累与自我超越。

一、以乘客为中心

乘客是高铁服务人员事业上的朋友，服务员必须尊重所有客人的宗教信仰、风俗习惯；为客服务讲究礼节、大方得体、不卑不亢。如果在旅途中发生的事故或差错，服务人员要冷静、耐心，及时协助有关部门妥善解决。

以乘客为中心，是在服务过程中，用心观察、体验、感悟客人的需求，恰到好处地给予帮助，把这个宗旨落实在每位员工的一言一行之中才有意义。

1. 舒适感
高铁座位宽阔，温度适宜，可以随时走动，数字电视可以打消旅途的疲倦。

2. 亲切感
服务人员的微笑充满了自信和力量，正确运用微笑，既能表现自己的谦虚随和，又能表现出对方的尊重。

3. 安全感

安全既是铁路运输的生命线，也是最基本的要求。高铁引用先进的电子信息技术，对运行状态进行全程监控，遇异常情况自动调整速度。

4. 方便感

高铁的出现方便了人们的出行，缩短了出行时间，扩大了出行范围，为广大人民幸福出游带来了最大的实惠，让消费者享受到高铁出行带来的方便与快乐。

5. 尊重感

在礼貌服务时要掌握一定的原则，以中国的礼貌语言、礼貌行为、礼宾规则作为行为准则，表示对客人的尊重和友好。

二、规范服务细节

高速铁路客运服务要加强各部门的运营管理，规范运营服务标准，提高服务质量，为乘客提供安全、准点、便捷、舒适的运营服务。

（1）售票处（机）或其附近应有醒目、明确的车票种类、票价、售票方式、车票有效期等信息，方便乘客购票。

（2）自动售票机、充值设备上或自动售票机和充值设备附近应有醒目、明确、详尽的操作说明。

（3）人工售票、充值或售卡过程中，客服中心岗或应急售票亭站务员的服务应做到准确、规范。

（4）对符合免费乘车规定，持有效乘车证件且携带物品的乘客，应要求乘客将携带物品过安检后验证予以放行。

（5）自动检（验）票机或其附近应有相应的标志或图示，方便乘客检（验）票。

（6）在特殊情况下，应及时采取有效措施，为乘客进行必要的票务事务处理。

（二）导乘服务

（1）车站的醒目位置应公布乘车常识和注意事项（见图 2-3-1）；必要时，应通过广播等方式向乘客宣传乘车常识和注意事项。

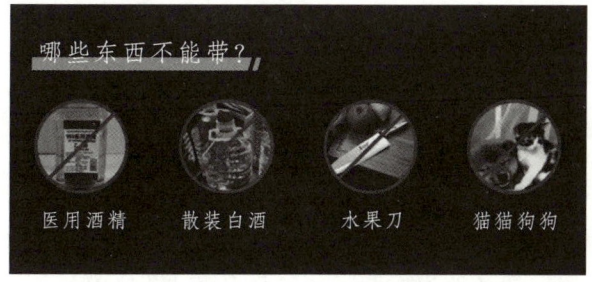

图 2-3-1　乘车禁带物品

（2）车站应提供即时、准确、有效的乘车信息。

（3）列车运营计划变更或列车运行不正常，对乘客造成影响时，应及时通知乘客；必要时，应采取有效措施疏导乘客。

（4）车站出入口、售票机等醒目位置应公示本站首末车时间；车站宜公布列车间隔时间、各车站运行时间等信息。

（5）车站的醒目位置应公布车站周边信息。

（6）列车上，应向乘客提供列车运行方向、到站、换乘等清晰的广播或图文信息。

（三）行车服务

（1）运营时间出现调整时，各车站做好公示。

（2）列车行驶应平稳，到站后应适时开关车门。

（3）列车运行发生故障时，车站和列车司机应听从行调指令采取救援、清客等处置措施。

（四）特殊服务

（1）应对残障乘客提供必要的服务，协助其顺利乘车。

（2）发现走失的儿童，应带领其至安全场所，并设法联系其监护人或报警。

（3）当遇到乘客身体不适时，应提供必要的帮助或在征得乘客同意的情况下拨打救助电话。

（4）对于携带大件行李的乘客，引导其从宽通道和无障碍电梯进出站。

（五）应急服务

（1）应急服务应以保障乘客人身安全为首要目标。

（2）分别就运营事故、重大活动、政府管制、恶劣天气、乘客伤亡、事故灾难等影响城市轨道交通正常运营的突发事件制定应急预案，并适时启动。

（3）发生突发事件时，应及时告知乘客，并采取措施。

（六）问询服务

应提供现场问询服务和远程问询服务，乘客能通过窗口服务和热线电话等方式问询。

三、加强培训管理

企业为规范员工教育培训管理工作，切实提高员工队伍素质，构建一支专业技能过硬、纪律严明、结构合理的一流人才队伍，通常会结合公司实际，制定出培训管理办法，并将其纳入各部门、各岗位业绩考核范围，建立目标考核机制。

（一）岗前培训

建设一支高素质的铁路职工队伍，既是保证运输安全的现实需要，也是铁路长远发展的根本大计。对新招收的应届毕业生、社会招聘人员，使其尽快熟悉企业的各项规章制度、工作流程和工作职责，熟练掌握和使用本职工作的设备和办公设施，达到各岗位工作标准和要求，录用后的第一时间便对其进行培训。

（二）在岗培训

1. 日常性培训

全面提高职工队伍素质，是实现科教兴段的重要手段。对职员工基本知识和技能的巩固、强化、补充和提高，进行以适应岗位生产要求和安全生产需要的各类业务及管理能力提升的培训。

2. 周期性培训

培训工作应始终贯穿于日常工作中，根据各部门的作息时间和工作重点，可采用不同的方式进行培训学习。可分为公司培训、部门培训或班组培训，有针对性地解决工作中需要加强和改进的地方。

3. 转岗、复岗培训

对因患疾病、生育等原因离开工作岗位时间达到 30 个自然日（含）以上，又回到原岗位，以及从一个岗位转岗到另一个岗位的员工，分阶段对一线员工进行岗位职责复训，加强新老员工的沟通协作。

> **阅读材料**
>
> 随着沈佳高铁白敦段 2021 年 12 月 24 日正式开通运营，长白山不通高铁的历史结束了，动车组列车从长春到长白山最快只需 2 小时 18 分。面对 2022 年首次春运"大考"，中国铁路沈阳局集团有限公司长春客运段在春运前组织乘务人员集中培训，以及通过应急模拟演练、实作考评等方式，不断提升服务水平。
>
> 沈佳高铁白敦段开行伊始，该段动车二车队选拔挑选素质硬、业务强的乘务人员组建队伍，并集中进行服务礼仪培训要求乘务人员笑脸迎送，热情服务。车队针对沿线地域特点和旅客客流情况，总结提炼出"五点"服务法：微笑甜一点，观察细一点，开口勤一点，服务热情点，问询耐心点。同时，要求乘务人员全程实行无干扰服务，乘务员通过观察旅客细微举动来判断旅客需求，从而"一对一"进行服务。对老幼病残孕等重点旅客，更是体贴入微，全程跟踪服务。在沿途各站，列车加大对重点区段的巡视力度，保证旅客安全有序乘降。
>
> 2022 年春运前夕，随着北京冬奥会开幕日期的临近，以及长白山粉雪节的启幕，越来越多的游客选择乘坐"森林高铁"来到长白山冰雪游玩，高铁"动姐"们以热情周到的服务，为旅客创造温馨舒适的旅途生活。

四、重视乘客意见

在客运服务过程中，对于乘客的投诉、建议、咨询、表扬等意见，应在第一时间按时限要求及时回复乘客，负责配合的部门要在所辖范围内进行调查、回复、反馈、整改等。

案例导入

2004年03月13日新闻晚报刊登了上海火车站北广场购票难的问题，读者对此反响非常强烈，铁路部门领导也立即召开会议，对这一问题进行了讨论，并紧急悬挂了南北广场的通路指示牌，告诉旅客如何抵达南广场购票。希望解燃眉之急。同时，车站领导也于当天紧急召开会议，商量对策。无法出售预售票的"罪魁祸首"其实是售票能力不够。上海站领导透露，目前车站方面就票务中心扩建一事也正与闸北区政府进行磋商，希望在接下来的北广场改造中能将售票窗口扩容考虑进规划中。但目前条件下上海站似乎无法增开窗口，为解燃眉之急，就先赶制了一块导向标志放在北广场售票门口。

案例分析

企业要真诚地关心顾客，换位思考，了解他们的实际需要并及时解决问题。

（一）现场乘客事务处理

（1）乘务人员在接到乘客事务后，须第一时间进行处理，如果当事人无法处理，应立即通知上级，相关人员在接到通知后，及时赶往现场为乘客处理事务。

（2）能够及时给予客人解释和答复的，须及时向乘客进行处理和解释，如果乘客对回复不满意，应由主管部门出面进行协调处理。

（3）如果在第一时间不能处理的事务，须告知乘客并留下乘客的联系方式，确定解决时间给予客人答复，并将情况上报上级部门备案。

（4）在处理事务的过程中，如果客人不满意，有投诉倾向时，应主动、耐心做好乘客的思想工作，取得客人的谅解，做好双向沟通，妥善解决相关事宜。

（二）《乘客意见登记簿》的乘客事务处理

（1）乘客留言须及时处理，在24小时内以文字回复，留有电话号码的，需电话回复乘客。

（2）对乘客提出的意见和建议，根据情节轻重及时汇报上级部门，在3个工作日内将处理结果和回复情况通报给各部门，并告知当事者。

（3）乘客反映的问题超出专业范围，不能在规定时间给出答复的，将乘客反映问题及时上报相关部门。

（4）出现乘客填写的内容无法辨认、难以查证时，需在《乘客意见登记簿》上根据具体情况给予回复。

（三）服务热线乘务事务处理

（1）接到服务热线，根据转办内容将相关信息转发到相关部门进行处理。

（2）将乘客反映情况的调查结果、处理意见和回复乘客的情况以书面形式回复相关部门及工作人员。

（3）对于乘客的投诉、意见须在 3 个工作日将调查结果和处理情况回复乘客，5 个工作日将处理结果和回复情况经部门领导签字确认后转发到各部门备案。

任务 4　确保服务质量

本任务课程思政教育案例扫码观看

高铁动车已成为高速客运的载体，不但用人需求量很大，而且对从业人员的专业素养要求也越来越高。长期以来，高铁服务一直致力于为旅客提供方便、快捷、舒适、人性化和个性化的服务。随着时代的进步，高铁运输市场的竞争日益激烈，高铁公司需要更为科学、规范、现代化的管理，而广大旅客也对高铁服务提出了更高更新的服务要求。

 案例导入

创新服务，全力保障 2022 年冬奥

2022 年 1 月，京张高铁开通两年来，中国铁路北京局集团公司将如何高标准高质量做好京张高铁运营管理工作、精准精细服务保障 2022 年北京冬奥会、更好地满足人民群众出行需求、服务经济社会发展作为工作重心，全方位展示中国高铁靓丽名片。

京张高铁是中国首条建成投用的智能高铁，不仅构建了铁路工程建设全生命周期管理模式，还实现复兴号智能动车组时速 350 千米自动驾驶，自动停车精度达到误差 10 厘米以内，此外，在车辆日常检修中还投入了智能检测机器人，目前可对动车组车底及转向架区域 42 处关键可视部件进行精准故障识别，提高了故障识别率，缩短了检修时长，提升了复兴号智能动车组检修质量。

据悉，作为北京冬奥会的重要交通保障设施，京张高铁车站与各赛区的公共交通实现了无缝衔接，并设置了无障碍通道，建有中英文客服、售检票和动态引导系统，开办了雪具随车托运、同步到达业务，奥运期间将开设专用通道，保证赛事人员便捷通行。

在太子城站夹层候车厅还建设了运动员服务中心，共有综合服务区、运动员候车区、媒体记者候车区、政要候车区、商务候车区五大服务功能区域。综合服务区设有接待专席，提供接待引导、票务办理、快递托运和周边赛场、酒店、交通等信息问询，志愿者服务岗位可以提供英语、法语、日语等国际主流语言翻译服务及重点旅客帮扶引导服务。其他四个专项候车区依次布设休闲座椅、雪具展柜、自助餐饮台，为运动员、奥运官员、媒体记者及相关工作人员提供候车休息、问询引导、票务服务、餐饮供应等服务。

为了满足乘客在乘车时的各种需求，提升乘车体验，京张高铁还推出了"雪之梦"

服务品牌和特色餐饮服务。据悉，针对乘客在乘车中可能遇到的突发情况，京张高铁列车在餐车配有服务"百宝箱"，箱内备有针线包、清洁剂、雨衣、玩具、口罩、女士用品等物品，让乘客体验温馨服务，同时还提供7种中西结合的餐食套餐，更好服务中外乘客。

案例分析

如何向世人展示中国高铁服务良好形象，传递"中国温度"。

一、提高自身修养，不断完善自我

一个人礼仪修养水平的高低，是受其道德修养水平制约的，因此加强道德修养对于提高自身修养水平十分重要。乘务人员需提高自身文化素养，对于异国、异民族不同的习俗和礼节礼貌，要注意不断地搜集、学习，积极参加一些有意义的社交活动实践，外塑形象、苦练内功，丰富自己的礼貌礼节知识和经验，培养文明礼貌的习惯，为广大旅客展现高铁人的新面貌。

（一）热爱祖国

爱国主义是我国各族人民的优良传统和崇高的思想品德。继承中华民族的优良传统文化，为祖国的繁荣富强而不懈地奋斗。

（二）弘扬社会主义核心价值观

牢固树立全心全意为人民服务的思想，培养和弘扬社会主义核心价值观，以振兴中华为己任，树立国家良好形象、提升国家文化软实力和国际竞争力，推动中华文化更好地走向世界。

（三）人格上要自我完善

（1）以诚待人，表里如一。在社交中讲真话、重诺言、守信用，既是取信于人的基础，也是自立于社交界的前提。

（2）负有责任感。在社会交往中，要以国家、社会和他人的利益为重，有了责任感，才能具有勇往直前的动力，才能感受自我存在的价值和意义。

（3）乐于奉献。慷慨待人是人格结构中一种很高的境界，一个乐于奉献的人，在社会交往中的成功率是极高的。

（4）自我完善、自我调节。既要保持心理的独立性，又要正确地判断外界对自己的评价，全面、正确地看待自己。

（5）加强性格修养。培养乐观豁达的性格，能经得起挫折和打击，有较强的应变能力。

二、注重员工身心，提升人文素养

企业文化建设是企业成长的内在需求，员工人文素养的高低将直接影响到企业文化的建设。企业文化是人的文化，是每个员工在具体的工作岗位上做出的实际的工作和努力。

（一）树立以人为本的文化氛围

良好的企业环境和企业文化氛围会塑造良好的企业形象和优良的员工队伍，健康向上、具有时代感的企业文化要素会变成广大员工的自觉行动。

（二）注重员工身心健康发展

通过茶歇制度、晨会制度、职工代表大会等方式，鼓励管理人员及时发现、了解员工的情绪波动，开展有效疏导，帮助员工调整工作情绪，让员工感受家的温暖，让乘客有在家的感觉。

> **案例分析**
>
> 《哈佛商业评论》曾刊登过这样的一个案例，其中体现了关怀员工的重要性：青岛有一个非常不错的酒店，叫海景花园酒店。该酒店员工为顾客提供服务时非常热诚，堪称定制化服务。有一次我带着家人入住，我和孩子住一个房间，另外一个房间是老人住的，我们把东西放下，在房间休息了一会儿就出去吃饭了，回来之后发现每个房间都有一张服务员手写的纸，是欢迎我们入住的纸条。但是每张纸条都是定制化的，而且在我们的房间还摆放了一个毛茸茸的小熊玩具，因为服务员看到我带着孩子入住，所以放了一个玩具。隔壁的房间放的纸条上写的是："我注意到您是吸烟人士，所以我给你切了一盘梨，希望您保重身体。"纸条旁还放了一条口香糖，因为服务员观察到烟灰缸里有烟头，注意到了客人是吸烟人士。
>
> 不仅如此，这家酒店所有的员工跟你打招呼的时候笑得都非常真诚。当时我就很疑惑：这儿的服务人员怎么能达到这么好的状态？后来我发现这家酒店内部有自己的小册子，是员工写给企业的感谢信。感谢信里面是各种感人的故事，比如职工宿舍有一个专门的楼岗阿姨，这个阿姨每天都会观察员工需要什么，如果有员工生病了，她会帮忙买药，还会切一盘水果送过来。食堂也有一个阿姨专门观察每一个员工的状态，发现有员工咳嗽，二话不说就到后厨做一个糖拌西红柿送过来，每个服务人员都在被真诚地照顾着，这是一种了不起的力量。所以酒店的服务人员在受到这样真诚的对待后，反过来也会对顾客提供非常真诚周到的服务。
>
> 管理者要多思考，如何巧妙地设计员工的福利，这里的福利是广义的，包括招聘、培训等。企业在这方面的投入和付出，都会在"满意镜"的另外一边找到"答案"。

三、发展个人潜力，凝聚团队智慧

（一）培养服务礼仪，塑造自身形象

一个合格的服务人员，除了必须具备良好的职业道德、丰富的业务知识、娴熟的服务技

能和健康的体魄外，还应具备讲究礼貌礼节的基本素质，保持乐观饱满的情绪。提高自身服务意识的过程，实际上就是在高度自觉的前提下，提高自己整体素质的过程。

（1）有德才会有礼，无德必定无理，修礼宜先修德。有道德的人，才会处处替别人着想，处理人际关系时，才会心胸博大、谦虚谨慎、待人恭敬而有礼，而不会自以为是、妄自尊大。

（2）自觉学习礼貌礼节方面的知识。乘务人员懂得的礼节礼貌方面的知识越广博、越全面，他在待人接物时就越能应付自如、左右逢源。不同的国家、不同的民族，有着不同的习俗和礼貌礼节，因此要注意收集、学习、领会和实践我国及其他国家的礼貌礼节知识，久而久之，自己的礼貌修养也就能有一定的提高。

（3）广泛涉猎科学文化知识，充实自己。在工作之余尽可能多地了解最新的科学知识，具备各方面的文化素养，这也是人际交往的需要。一般来说，有教养的人的大多都是科学文化知识比较丰富的人，他们思考问题周密、分析问题透彻、处理问题有方，在人际交往时能显出独特的魅力。

（4）努力进行自我性情陶冶。环境对人的影响很大，但礼貌修养好的人总能以严格的礼貌规范要求自己，即使遇到一些特殊场合，面对不讲礼貌的人，也能做到以礼待人。

（5）积极参加社交活动。现代社会是人际交往广泛的社会，通过在社交活动中不断锻炼，就能克服自身缺点，从而自觉地增强自身修养。

（二）规范服务标准，完善服务载体

服务品牌建设是企业文化建设的有效载体。建设服务品牌可以把服务价值根植于职工的工作岗位和服务流程中，让职工从被动应付服务变主动用心服务，将服务理念内化于心、外化于行，素质得以优化，服务得到提高。如果说顾客是企业的生命，那么服务就是维持这种生命的血液。

（三）打造服务品牌，提升服务效能

品质为先、服务为要、管理为本，扎实推进服务品牌建设，通过打造优质团队，进一步提升服务效能。以服务窗口和个人典型为主体，着力打造交通行业的服务品牌。服务品质与服务品牌有着极强的相关性，服务品质是服务品牌的内在化，而服务品牌则是服务品质的外在表现形式，是将服务品质的内涵固定化、形象化、标识化和名称化，加深客户对某种商品和服务的感知。

（1）现有特色抓提升：结合乘客最基本的需求，把安全、快速、舒适等需求，作为评价的指标，由乘客给出中肯的评价，据此来衡量客运服务质量，找出服务质量中的薄弱环节，有针对性地加以改进。通过媒体加大宣传力度，切实提高品牌知名度和美誉度，发挥好示范引领作用。

（2）适应发展抓深化：按照"制度化、规范化、经常化"的发展要求，坚持做好做精核心业务，满足乘客需求，保证服务质量，打造品牌核心竞争力。

（3）积蓄动力抓创新：高铁设备具有极高的稳定性，因而旅客会更多关注软件服务。在

服务中坚持社会效益为先，从高铁旅客的需求和感知角度出发，服务品质内涵更适合高铁服务的特点。

四、坚持以人为本，创新服务理念

服务是一种行为过程，服务的起点并不是行为，而是意识。在意识的驱使下，我们需要在接触服务对象前做好功课，掌握更多服务资料，想乘客所想，急乘客所急，这样才能让乘客享受到至尊的服务。美好生活给我们带来的是幸福感，而我们也需要通过将服务品质提升，来更好地为社会做贡献，对社会产生更好的影响，这才是服务的重要作用和历史使命。

（一）注重服务细节，提升服务品质

细节往往代表的是企业服务质量的高低，越是细微之处越能体现服务的水平，也越能俘获顾客的心。哪怕是服务人员的一个微笑、一个关怀的眼神、一句真心的话语都能有效地让顾客感受到企业的真诚，这比任何虚华的说辞都更能打动顾客。

（二）加强服务意识，想乘客之所想

有效改善员工的工作作风，增强员工服务意识，提高客户服务水平，按照公司相关规定与要求，结合实际情况制定首问负责制度，要求员工认真履行岗位工作职责，避免服务过程中出现相互推诿、相互扯皮等现象，切实建立公司内部科学的服务质量保证与监督体系，为客户提供优质、满意的服务。

（三）端正服务态度，顾客就是上帝

工作是机会，创新是使命。保持对工作的热情，以主人翁的心态做事，遵守企业制度，保护企业利益，维护企业形象。交通行业竞争激烈，铁路客运服务应重新树立"大服务"理念，真正将"顾客至上"融入服务体系中，才有机会在市场竞争中获得胜利。

（四）提升服务技能，为顾客创造价值

创新是促进工作顺利开展的有效方法之一，它可以激发一个人的潜能，将能力发挥到极致，要有超前的意识，发挥团队中的个人优势，提供给消费者满意的产品或服务，为消费者创造价值。

（1）端正态度：从乘务员的态度上，乘客就能看出他是否愿意帮他解决问题。所以，要注意自己的态度，态度的好坏将决定着客户的去留。

（2）换位思考：服务行业应该把客户的需求放在第一位，急客户所急、想客户所想，从客户的利益出发，这样客户才愿意长久地合作下去。

（3）实事求是：坦诚地说出利弊，更容易取得客户的信任，如果让客户自己去发现问题，他会感觉自己是一个被骗的消费者。

(五)提高服务质量,超越乘客期望

服务永无止境,重在坚持,贵在落实。"比顾客预想的多做一点点",这样可以提高顾客实际感知的服务质量,从而提高顾客的满意程度。作为一名乘务人员,一定要深刻认识服务真正的意义,要以良好的心态面对乘客。始终坚持"想客户所想,急客户所急,排客户之所忧"的服务理念,为客户提供全方位、周到、便捷、高效、安全的服务。

项目 3　塑造高铁乘务员职业形象

镜箴，又称四十字镜箴，是由著名教育家、南开体系创建人张伯苓订立的。为了培养学生合适的着装习惯和文明行为，张伯苓特意在天津南开中学立了一面一人高的大镜子，上面镌刻着四十字："面必净，发必理，衣必整，纽必结。头容正，肩容平，胸容宽，背容直。气象：勿傲、勿暴、勿怠。颜色：宜和、宜静、宜庄。"镜箴要求南开学子拥有整洁合适、积极向上的仪容仪表以及平和、宽仁的处世态度，提醒学生注意修身养性，提高自身的道德情操。张伯苓本人非常注重仪表，同时也要求南开学子注重自己的仪容仪表，希冀青年一代从最基本的日常生活起居做起，焕发精神，进而为中华民族的振兴大业贡献力量。一衣不整，何以拯天下？

任务 1　形象设计基础知识

一、形象设计的概念与内涵

（一）形象设计的概念

形象设计又称形象塑造，大多以人的肤色、毛发色、瞳孔色等体色为基本特征和人的面部及身材、气质及社会角色等各方面综合因素，通过专业诊断工具，测试出色彩范围与风格类型，为被设计者找出最合适的服饰色彩、染发色、彩妆色、服饰风格款式，从而完成形象塑造。

（二）形象设计的内涵

形象设计最早起源于舞台中的人物造型设计。如今，形象设计已发展成为人们的一种生活模式，并被称为一种新的文化形态，它既是当今设计的产物，也是人们审美观不断得以发展的产物，它与每个人息息相关，并渗透到我们日常生活的方方面面。

形象设计既是静态的设计，也是动态的设计。因此，形象设计包括两大要素：自然要素和设计要素。自然要素包括：肤色、发色、声音、体型、脸型、眼神、仪态；设计要素包括：色彩、妆容、发型、服饰搭配、文化修养等。自然要素是设计要素的基础，一切设计都是在自然要素的基础上进行的加工、完善，使其符合美的标准。而设计要素是对一个人自然要素进行加工、创新、完善后的成果（如图 3-1-1 所示）。

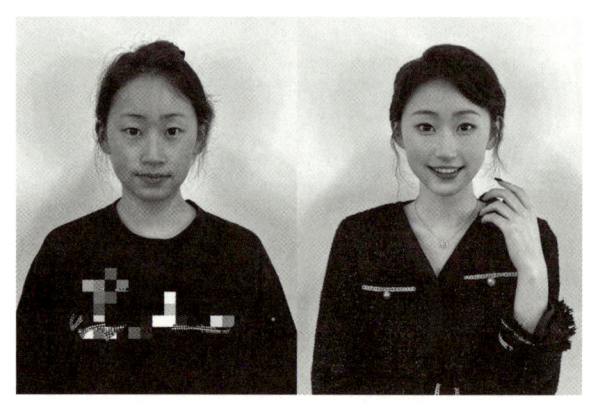

高铁服务员职业形象塑造标准
动画扫码观看

图 3-1-1　形象设计

二、形象设计的意义

当今社会，想在激烈的竞争中占有一席之地，个人综合素质的提高是必不可少的，进行形象设计就是提高综合素质的手段之一，是竞争中不可忽视的先决条件。因此，形象设计具有重要意义。

（一）满足个人基本需求，体现个人价值

人的需求既有物质层面，也有精神层面。大部分人更渴望在群体中得到尊重、得到认可，体现自我价值。因此，一个人在群体中的形象与表现是决定他能否实现自我价值的关键。

（二）彰显个性，全面传达个人信息

在这个争分夺秒的社会，人们都希望用最短的时间获取更多的信息，对一个人的了解也是如此。人们的第一印象，主要来源于彼此交往接触中获取的某些重要信息。心理学家研究认为，人际交往中存在着"55387"定律，即第一印象的55%来自外貌和行为，第一印象的38%来自说话的语调语音，第一印象的7%才来自说话的内容（见图3-1-2）。可见，形象是何等的重要，没有人愿意跨过你邋遢的外表来洞察你的内在，哪怕你的内在足够的优秀。

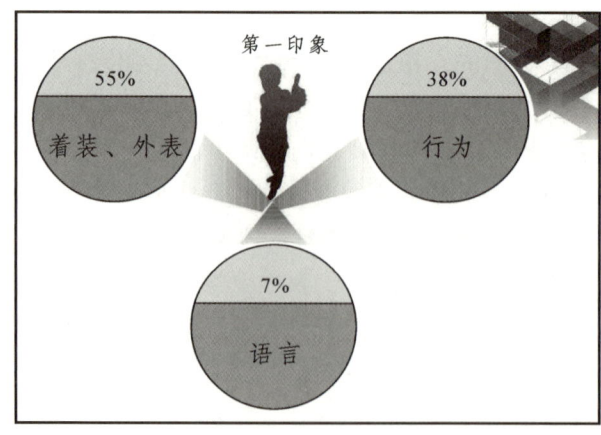

图 3-1-2　"55387"定律

（三）树立企业形象

企业的每一位员工都是企业的代言人，通过个人形象可以传递企业的风采，反映企业的景胜风貌。如果每位职场人能以良好的职场形象出现，那么便会形成一个优质的企业形象，这也会为企业带来良好的效益。

> **知识拓展**
>
> 形象设计的起源
>
> 个人形象设计起源于欧美国家，中国自20世纪80年代末以来，也开始陆续出现形象设计人员。他们一般是从美容、化妆、服装设计等其他职业中衍生而来，从业余到专业，从擅长一门到注重整体，从整体风格上为顾客打造最适合个人的外在形象。目标顾客包括模特、演员、公关等有需求的广大人士。
>
> "形象设计"这一概念则源自舞台美术，后来被时装表演界人士使用，用于时装表演前为模特设计发型、化妆、服饰的整体组合，随即发展成为为特定消费者所打造的相似性质的服务。
>
> 由于形象设计不但有消费者构成市场需求，而且化妆美容用品以及服饰厂商都可以借用它作为促销手段，因此，在国际上发展极快。在美国，形象设计已经是与商业紧密结合的产业，其设计形态已达到生活设计阶段，即以人为本，以创造新的生活方式和适应人的个性为目的，并对人的思想和行为做深入的研究。
>
> 中国的形象设计业和国外相比虽然起步较晚，但是随着人们对美的认识和要求不断提高，市场需求越来越大，形象设计职业也越来越热门。国内从事形象设计工作的人员一般是由美容、美发、化妆、服装（饰品）设计等职业中分流出来的。这些人员逐渐从业余到专业，从擅长一门（或化妆或美发或服装或饰品）到注重整体，取得了自身长足的进步和社会的认同。

任务2　形象塑造妆容设计

> **案例导入**
>
> 高铁乘务人员的妆容标准：面部、双手保持清洁，身体外露部位无文身。指甲修剪整齐，长度不超过指尖2 mm，不染彩色指甲。女性淡妆上岗，不浓妆艳抹，唇线与口红的颜色一致；眉毛修剪整齐，眉笔和眼线为黑色或深棕色；眼影的颜色与制服协调；使用清香、淡雅型香水。
>
> **案例分析**
>
> 铁路旅客运输，是一种高接触性的服务行业。由于职业需要，从事客运服务工作的员工，尤其是女员工如何在工作中保持妆容美观、端庄大方？

一、化妆基础理论知识

（一）头部、脸型和五官

1. 头部

（1）头型。

头型是指头部的形状，根据头指数（人头宽度除以人头长度的百分比）确定的形状。人的头型大致可以分为大、小、长、尖、圆几种形状。

（2）面部结构。

想要塑造出理想的妆容，少不了对人物面部结构的分析和研究。准确地把握面部骨骼结构、面部肌肉结构和了解五官比例更有利于我们进行面部化妆。

面部肌肉位置浅表，起自颅骨的不同部位，止于面部皮肤，主要分布于面部孔裂周围，如眼裂、口裂和鼻孔周围，面部肌肉图可分为环形肌和辐射肌两种，有闭合或开大上述孔裂的作用；同时，通过牵动面部皮肤，能显示喜怒哀乐等各种表情。

研究和分析面部骨骼和肌肉情况，能够更好地把握面部比例关系，能够更加合理地运用色彩造型原理，对面部的缺陷进行弥补和修饰，突出优势部位，使整个面部更为立体，如图3-2-1 所示。

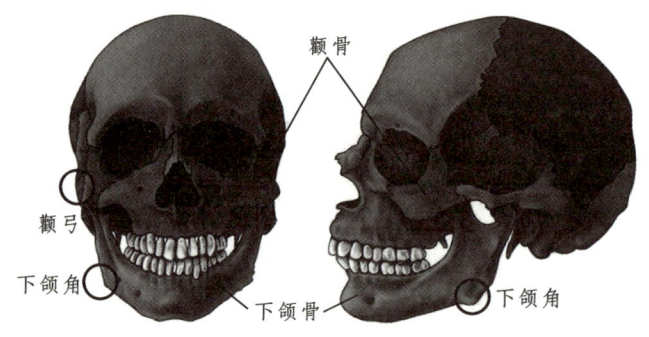

图 3-2-1　人脸骨骼特征

2. 脸型

脸型是指面部的轮廓。脸的上半部是由上颌骨、颧骨、颞骨、额骨和顶骨构成的圆弧形结构，下半部取决于下颌骨的形态。这些都是影响脸型的重要因素。颌骨起了很重要的作用，决定了脸型的基础结构。

每个人天生的脸型是无法改变的，对于不同的脸型来说，我们只能通过不同的化妆方法发挥的特殊作用，以增添美感。

由于骨骼结构与受光的不同，同时也为了突出面部的立体感，可将整个面部分为：高光区，次亮区和阴影区。因此，在进行面部修饰时，可以利用各个区域的特点，强调各个区域的作用，从而使整个人物面部更加立体。

3. 五官

五官，特指人的外貌长相。人们常说的"五官"，指的就是"眉、眼、耳、鼻、口"五种影响容貌的面部特征。

4. 面部比例结构

面部结构的标准比例关系为"三庭五眼",人的五官比例只要在这个范围内,就能给人视觉上的平衡感,从而让人觉得美观。"三庭"主要指的是脸的长度,分为"上庭""中庭"和"下庭",指从人的发际线到眉线,从眉线到鼻尖,从鼻尖到下巴的三个距离,如要符合常人的审美,需要三个距离正好相等,各为三分之一。"五眼"主要指的是脸的宽度,具体指用一只眼睛的宽度分别衡量两只眼睛之间的距离,外眼角到鬓角的距离,五个位置距离正好与参照的眼睛宽度相同。"三庭五眼"是确定五官位置和比例的基础,我们可以通过比照"三庭五眼"来进行化妆手段上对于五官的调整,如图 3-2-2 所示。

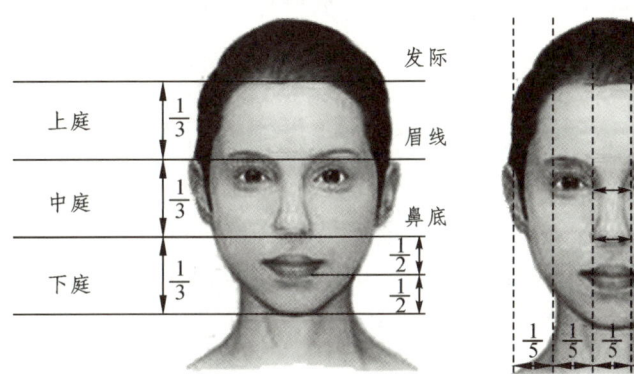

图 3-2-2 "三庭五眼"

（二）各种脸型分类与修饰方法

脸型分类如图 3-2-3 所示。

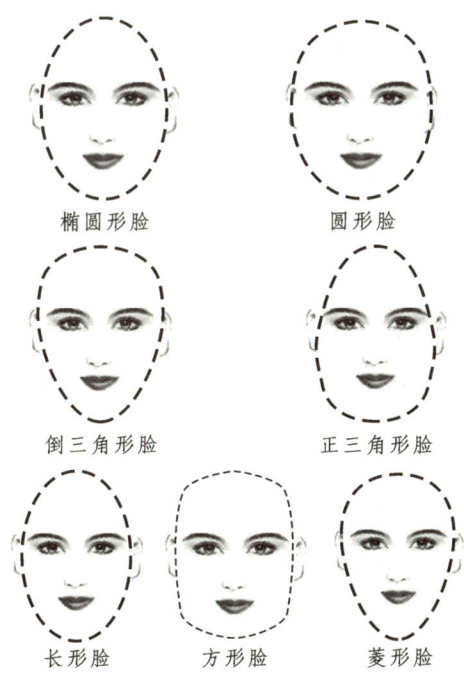

图 3-2-3 常见的脸型

1. 椭圆形脸

椭圆形脸也称为鹅蛋脸,在亚洲被称为传统意义上最理想也是最标准的脸型,特点是额头与颧骨等宽,同时又比下颌稍宽一点,脸宽约为脸长的三分之二。面部线条偏向曲线,给人感觉柔美,典雅。

椭圆形脸在面部修饰方面,可以标准修饰为主,突出五官的立体感即可。

2. 圆形脸

圆形脸又称"娃娃脸",它的特征是脸型比较短,面部的肌肉丰满,面颊圆肉。面部线条更加偏向曲线,给人留下活泼、可爱的印象,同时圆形脸显得人比较年轻、有朝气,看着比实际年龄要更小。

圆形脸在面部修容时,阴影部分应着重放在前额两侧,面颊两侧和鼻翼两侧,从视觉上增加脸的长度。提亮部分需要凸显前额、鼻梁和下巴处,以突出五官的立体感。腮红可涂在颧弓下陷的部位,由颧骨外缘斜向下向内晕染,起到拉长脸形的效果。

3. 方形脸

方形脸在进行面部修容时,要拉长脸的长度,但对于方形脸来说,阴影部分除了颚骨以外,还要涂抹额角的部分,提亮的部分应将重点放在前额、鼻梁、颧骨、眉骨及下颌中部,能在拉长脸的长度的同时,强调五官的轮廓。腮红的位置相对于圆形脸的位置须稍微向上提,向上至颧骨位置的颜色可以略浅,整体面积不宜过大,以达到收缩面颊的效果。

4. 长形脸

长形脸的特点是脸型跨度较窄,发际线和前额比较高,鼻子和下巴比较长,面颊消瘦,骨骼明显,面部肌肉不够丰满,面部线条较直,棱角分明,多给人印象是比较冷静、可靠、有性格,但因为面部缺少曲线,所以在一定程度来说缺少女性的柔美。

长形脸在修容时,应该适当从视觉上缩短脸的长度,所以阴影部分应重点放在发际线边缘及下颌骨边缘,提亮的位置则放在额头的两侧、颧骨外突和下颌角处,从而扩大两边面部的宽度。腮红横向晕染在颧骨外缘略向下至面颊中部的位置。

5. 正三角形脸

正三角形脸也叫"梨形脸",它的特点是额头较窄,两腮宽,角度转折明显,整体呈上窄下宽的形态。这种脸型给人的感觉稳重、富态,但略显迟钝。

针对正三角形脸修容时,阴影部分应涂在两腮宽大的部分,提亮部分放在前额、眉骨、颧骨及下颌中部,突出脸部结构的同时收敛脸型下半部分较宽大的位置。腮红涂抹在颧骨外下方,并逐渐向额角晕染,突出脸部的结构,范围适中,不宜过大或过小。

6. 倒三角形脸

倒三角形脸也被称为"瓜子脸",与正三角形脸相反,它的特点为额头宽,颧骨突出,下颌则比较窄,整体呈上宽下窄的形态。倒三角形脸虽是现代人普遍认为比较完美的脸型,但总体来说显得过于单薄,给人太过于秀气的感觉。

倒三角形脸在修容时,将阴影色修饰在两个额角和突出的下颌部分,可以收缩过宽的额角和突出的下颌。如果颧骨比较突出，也应用阴影色进行修饰。提亮部分可以晕染在面颊两侧，使面颊显得丰满。腮红采用横向晕染的方式，由面部的中央横向晕染。

7. 菱形脸

菱形脸又称为"申字脸"，前额较小，颧骨突出，两腮消瘦，下巴尖而长，整体呈上下窄、中间宽的形态。菱形脸给人留下机灵、精明的印象，但是也会因为面部不够圆润，容易给人清高、不易亲近的感觉。

在针对菱形脸进行的修容手法方面，应用阴影色涂在颧骨和下颌处，使之从视觉上减轻过高的颧骨和过尖的下巴。提亮色用于额角两侧和下颌两侧比较消瘦的部位，以便使整个脸型看上去丰满。不宜涂抹过多的腮红，只需用柔和的颜色在颧骨处稍作晕染即可。如图 3-2-4 所示。

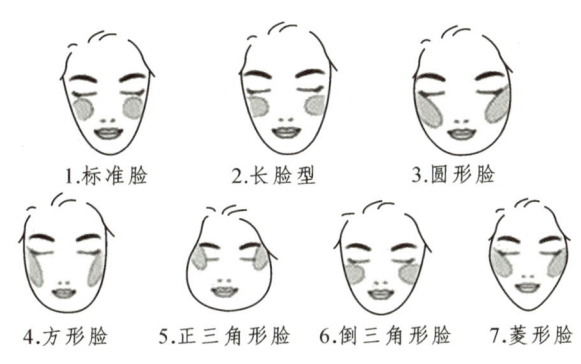

图 3-2-4 不同脸型腮红晕染位置

二、面部化妆的准备及皮肤基础护理知识

（一）肤色的分类

肤色即皮肤的颜色，指人类皮肤表层因黑色素、血红色素、胡萝卜素等沉淀所反映出的皮肤颜色。皮肤在不同地区及人群也有着不同的分布，根据人种划分，大致可分为四大类：白色人种、黄色人种、黑色人种和棕色人种。

（二）不同肤色类型与化妆

1. 肤色的基调分析

按照色调来分，可将肤色分为暖色基调肤色、冷色基调肤色、中性色基调肤色。以黄色为基调的人为暖色基调肤色，这类人皮肤大多透着象牙白、金黄、金棕、金褐色的底色调。以蓝色为基调的人为冷色基调肤色，这类人的皮肤大多透着粉红、蓝青、暗紫红、灰褐色的底色调。

还有一些偏冷暖混合性的被认为是中性色基调肤色。

2. 化妆颜色的选择

暖色基调肤色在选用彩妆和服装颜色时，应选择黄色、橘色、橘红、黄绿色、金色及大地色系等偏暖色的颜色。

冷色基调肤色在选用彩妆和服装颜色时，应选择蓝色、浅蓝色、粉色、宝石色、紫色、蓝绿、绿色、艳红、蓝红等偏冷色的颜色。

中性色基调肤色在选用彩妆和服装颜色时，可同时选用两种倾向的色彩。

 **知识拓展**

自我测试：了解自己肤色的基调

不带妆站在镜子前，穿上白衬衫（也可以同时围上一块白布）。把头发扎起，仔细地观察自己的脸。结合以下试题，开始为自己做个人诊断。

（1）皮肤的颜色：

A. 皮肤的基调偏黄

B. 皮肤的基调偏青

（2）瞳孔的颜色：

A. 偏棕黄的茶色

B. 纯黑、焦茶色、发灰的茶色

（3）眼白的颜色：

A. 象牙白、泛黄的米色

B. 纯白、泛蓝的灰白色

（4）头发的颜色：

A. 暗棕色、亮茶色

B. 乌黑、较柔和的黑色

（5）脸颊的颜色：

A. 偏橙的红

B. 偏粉的红

（6）通常哪类口红颜色更适合你：

A. 砖红色、杏粉色

B. 酒红色、玫瑰红色

（7）通常哪种颜色的上衣让你获得更多的赞美：

A. 苔绿色、亮黄绿色

B. 正蓝色、浅蓝色

〇选 A 项在 4 个及以上的人：你的肤色属于暖色调。

〇选 B 项在 4 个及以上的人：你的肤色属于冷色调。

三、化妆前的准备及基本皮肤护理

由于工作的特殊性，高铁服务人员的妆容要在脸上长时间地停留，如果想要保持完美的妆容和健康的皮肤状态，就必须做好化妆前的准备及皮肤的基础护理。

（一）化妆前的准备

化妆前的准备工作直接影响到最后的化妆成果。要想最终达到理想的化妆效果，就需在化妆前做好以下几个方面的工作。

1. 光线与化妆台的选择

光线的选择能直接影响面部妆容的效果。在化妆前，必须选择一个光线上佳的地方，保证我们的面部能均匀受到自然光或人工灯光的照射。

无论是标准的化妆台还是临时的化妆场所，化妆台的高度都要适中，化妆台表面都应干净无污垢、油垢、杂物等，并确保台面能够放下自己在化妆时使用的化妆品和工具，最后需有一面清晰度较高的镜子。

2. 化妆品及化妆工具的选择

化妆品及化妆工具是化妆时重要的物品。

化妆品包括：隔离霜、粉底、定妆粉、修容粉、眼影、眼线笔、睫毛膏、眉笔、腮红、口红。

化妆工具包括海绵粉扑（湿粉扑）、干粉扑、化妆套刷（眼影刷、腮红刷、阴影刷、散粉刷等）、美目贴、睫毛夹、眉刀、睫毛胶等。

在化妆时还有一些辅助工具，包括棉签、化妆棉、纸巾、发卡等。

想要化出一个满意的妆容，必须对自己的肤色，头发颜色，五官，脸型和自己的气质性格有足够的了解。

清洁工作包括化妆工具以及手部、面部、头部等部位的清洁，面部的清洁频率须达到每日两次，才能使上妆以后的效果达到最佳。护理重点部位分别为面部、颈部和头发，基本在每次清洁完面部后都要进行面部的护理，才能保障面部肌肤的光泽感和细腻度。

（二）皮肤的认识和基础护理

1. 皮肤的类型

肤质指的是人类皮肤的多样化所形成的特殊属性及特征。目前已知的肤质共有五种，分别是中性肤质、干性肤质、油性肤质、混合性肤质、敏感性肤质。

中性肤质为理想的皮肤类型。其特点为洁面后 $6\sim8$ h 后出现面油。该肤质细腻有弹性，不发干也不油腻，很少有痘痘及阻塞的毛孔，比较耐晒，不易过敏，对外界刺激适应性较强，皱纹很晚才出现。此类皮肤基本上没什么问题，日常护理以保湿养护为主。但中性肤质很容易因缺水缺养分而转为干性肤质，所以应该使用锁水保湿效果好的护肤品。如保养适当，可以使皱纹迟至很晚才出现。

干性肤质红白细嫩，12 小时内不出现面油，细腻，容易干燥缺水，季节变换时紧绷，易干燥、脱皮，容易生成皱纹，尤以眼部及口部四周最为明显，易脱皮，易生红斑及斑点，很少长粉刺和暗疮，易被晒伤，不易过敏。干性肤质在护理过程中应以补水、营养为主，防止肌肤干燥缺水、脱皮或皲裂，以延迟衰老。应选用性质温和的洁面品；选用滋润型的营养水、乳液、面膜等保养品，以使肌肤湿润不紧绷。

油性肤质皮肤颜色较深，1小时后开始出现面油，较粗糙，有油光，夏季油光严重，天气转冷时易缺水，不易产生皱纹，皮质厚且易生暗疮、青春痘、粉刺等，不易过敏。在油性肤质的护理过程中，应以清洁、控油、补水为主。防止堵塞毛孔，平衡油脂分泌，防止外油内干。应选用具有控油作用的洁面用品，要定期做深层清洁，去掉附着毛孔中的污物。用平衡水、控油露之类的护肤品调节油脂分泌。使用清爽配方的爽肤水、润肤露等做日常护养品，锁水保湿。不偏食油腻食物，多吃蔬菜、水果和含维生素B的食物，养成规律的生活习惯。

混合性肤质2~4h后脸部T区出油，其余部位正常；面部中部、额头、鼻梁、下颌起油光，其余部位正常或者偏干燥，不易受季节变换的影响，保养适当，不易生皱纹，T区易生粉刺，比较耐晒，缺水时易过敏。针对混合性肤质要以控制T区（额头、鼻子、下巴）分泌过多的油脂为主，收缩毛孔；并滋润干燥部位。选用性质较温和的洁面用品，定期深层清洁脸部T区，使用收缩水帮助收细毛孔。选用清爽配方的润肤露、面膜等进行日常护养，注意保持肌肤水分平衡。要特别注意干燥部位的保养，如针对眼角等部位要加强护养，防止出现细纹。

敏感性肤质也称敏感皮肤，多见于过敏体质者。容易出现小红丝，皮肤较薄，脆弱，缺乏弹性，换季或遇冷热时皮肤发红、易起小丘疹，易过敏产生丘疹、红肿，易生成面部红丝，易过敏，易晒伤。这类皮肤很麻烦，要特别小心。首先不要太用力揉搓面部肌肤，以免产生红丝。尽量选用配方清爽柔和、不含香精的护肤品，注意避免日晒、风沙、骤冷骤热等外界刺激。选用护肤品时，先在耳朵后、手腕内侧等地方试用，确定没有过敏现象后再使用。一旦发现过敏症状应立即停用所有的护肤品，情况严重者最好到医院寻求专业人士帮助。化妆前对皮肤进行的护理能使妆容看上去更加服帖，也是保护皮肤的必要步骤。

无论何种肌肤，无论是否要进行化妆，都要认真地进行护肤环节。在护肤的基础步骤中，可以综合为三步，也被称为"基础护肤三部曲"。基础护肤三部曲的步骤为洁面—爽肤—润肤。这三个步骤也是每天早晚及化妆前、卸妆后的必要护肤程序。

（1）洁面。

清洁皮肤是"基础护肤三部曲"中的第一步，用洁面乳将多余的汗液、油脂、灰尘清理干净，使皮肤处于比较清爽的状态。洁面的工作一定要细致认真，一时的疏忽也会使得皮肤的油脂、灰尘没有清洗干净，从而影响皮肤的健康。

在选用洁面产品时应注意自己的皮肤肤质，如干性肤质和敏感性肤质可使用较为温和，刺激性小的洁面产品，相反，油性肤质应当选择清洁力度较强的洁面产品。在洁面时，最好使用流动的冷水进行清洗，一方面可以细化毛孔，另一方面水质不会被污染，有利于肌肤的清洁。

（2）爽肤。

爽肤是"基础护理三部曲"的第二步，即用化妆水为皮肤补充水分。目的是使皮肤滋润，调正肌肤的酸碱度，平衡肌肤内的油脂分泌，使上妆后的妆面更持久。在涂抹爽肤水的过程中，可将爽肤水沁润在化妆棉上进行全脸的涂抹，应注意涂抹的顺序应由脸颊的内部至外部，由面部至颈部，使得养分能够渗透到肌肤的底层。

同样，爽肤水的选择应根据自己的皮肤肤质而定，干性肤质须选择保湿效果较好的爽肤水，油性肤质须选择控油，能够调节水油平衡的爽肤水，敏感性肌肤以保湿滋润为主，但一定要避开酒精、香精成分高的爽肤水。

（3）润肤。

润肤为"基础护肤三部曲"的最后一步，主要起保护皮肤的作用。在涂抹润肤霜时应注意眼部的护理，除此之外，面部润肤的顺序应首先从额头至两颊、两颊至鼻翼，其次为下巴，最后为颈部。润肤的主要目的是防止皮肤的水分挥发，同时补充皮肤的营养和水分，使得妆面服帖且脸部不脱妆。

润肤产品要根据自身的肤质和季节的变化来选择。干性肤质或冬季则选用质地较为滋润的润肤霜，而油性肤质或夏季则选用比较清爽，控油的乳液即可。

 知识拓展

防晒霜

在大部分人的认知中，防晒霜属于化妆品。很多人认为，防晒霜可以用隔离霜或者粉底液代替，但其实防晒霜作为保护皮肤最为重要的产品之一，可以在皮肤表层形成保护膜，防止皮肤晒伤，减少外界环境的刺激，防止皮肤接触过多的灰尘而过敏都是防晒霜带给我们肌肤的帮助。所以，防晒霜一般都作为护肤步骤的最后一步，给我们皮肤提供更扎实的保护。

防晒霜是通过无机和有机活性成分起防晒作用的，主要是为了防止晒伤、老化、晒黑。日常的护肤步骤结束以后，就可涂抹防晒霜，然后再化日常的彩妆。但防晒霜跟一般的护肤用品一样，需要一定时间才能被肌肤吸收，所以出门前 10～20 min 应涂防晒霜。SPF 值即防晒系数，一个防晒指数可等同于能抵挡 20 min 日晒，一般黄种人皮肤平均能抵挡阳光 15 min 而不被灼伤，那么使用 SPF15 的防紫外线光用品，便有约 225 min（15 min×SPF15）的防晒时间。

2. 卸妆程序与方法

卸妆，是指把面部表面的彩妆、污垢等杂质卸除。卸妆，不是普通的洁面，是比洁面更高层次的清洁。不正确的卸妆方式会让皮肤变得越来越糟糕。

（1）卸妆产品的选择。

选对卸妆产品是正确卸妆的第一步，在不同的情况下要选择不同的卸妆产品。

卸妆油适合中性或干性皮肤，或者在比较浓的妆面上使用，敏感肌最好避开眼唇部。油性卸妆产品能够快速溶解彩妆，但同样不能忘记卸妆后的面部清洁。卸妆乳质地温和，卸妆能力相对较弱，只适合卸比较清淡的妆容。卸妆水和卸妆湿巾的卸妆能力同样也是比较弱的，但是比较方便，外出旅游时带一包卸妆湿巾会很便利。卸妆水对于敏感肌而言不够安全，所以敏感肌选择时要谨慎。

（2）卸妆的步骤及方法。

一套完整的卸妆顺序应该是：睫毛—眼部—唇部—眉毛—额头—两颊—鼻部—下巴—颈部及耳朵周围。

> **小贴士**
>
> **卸妆时的注意事项**
>
> （1）睫毛膏是最难卸掉的，尤其是防水型睫毛膏，可以用化妆棉沾卸妆产品在眼部轻敷 30 s，再用棉棒蘸取卸妆油后将睫毛膏卸掉。同样用化妆棉蘸取卸妆产品，轻柔地在眼睛周围反复揉搓，眼部的彩妆一定要注意彻底清洁，否则会遗留形成暗沉。
>
> （2）在卸额头部位的彩妆时，要用沾取了卸妆产品的化妆棉，从下到上反复揉搓，从而起到很好的卸妆效果。
>
> （3）脸颊部位卸妆的时候要注意不要太过用力，否则很容易对肌肤造成伤害。而鼻翼两侧的位置是油脂堆积最多的位置，卸妆时可以稍微用力。
>
> （4）下巴和人中的位置容易长粉刺，所以卸妆时要特别注意，用化妆棉从上往下来回揉搓，直到卸干净为止。
>
> （5）在卸眼睛部位的彩妆时，通常可选用水油混合的卸妆产品，能一定程度减少卸妆产品对眼睛的刺激。

四、基础化妆步骤

（一）化妆的基础步骤

化妆的基本步骤是：洁面—护肤—防晒霜—隔离霜—修眉—底妆—定妆—美目贴—眼影—眼线—睫毛—眉毛—腮红—口红—整理妆容。

（二）修眉技巧及标准眉形

1. 修眉

修眉通常需要借助修眉刀、眉剪等工具来对眉毛进行打理。修眉即是对眉毛的造型、形状、轮廓、线条进行修整。

2. 修眉的方法及步骤

首先确定想要的眉的形状，用一支铅笔垂直在眼内角与鼻翼之间，笔尖所指处，即为眉毛的正确起点，并标下记号。

决定了眉形后，用眉钳拔除眉下沿散乱的小毛（勿拔上沿的毛）和眉两端多余的毛，直至获得理想的眉形。为了减轻拔毛时的刺痛，拔毛前可涂些润肤霜，拔时略拉紧眉部的皮肤，一根一根沿着毛生长的方向，向外、向上拔。也可选用眉刀直接刮掉多余的毛。

使用眉梳或眉刷，将眉毛从眉头向眉尾方向梳顺，再用弯头剪刀将长于主眉形的眉毛剪短。

3. 标准眉型

眉头：鼻翼至内眼角的延长线。

眉峰：黑眼球外边缘的垂直延长线上。

眉尾：鼻翼至外眼角的延长线，如图 3-2-5 所示。

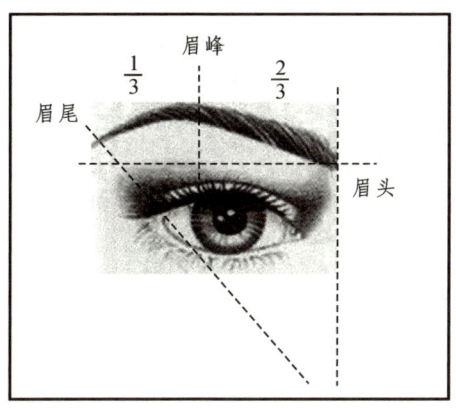

图 3-2-5　标准眉形比例

4. 画眉的方法

确定自己适合什么眉形，并确定出眉头、眉峰和眉尾的位置。

选择和自己头发颜色一致的眉笔或眉粉。

用眉笔或眉粉填补眉毛的形状。

用眉刷轻扫眉头部分，使之过渡自然。

（三）面部底妆基础晕染

1. 粉底的涂抹方式

在涂抹粉底时，可借助于用美妆蛋进行按压的方式进行涂抹，这样能使底妆看起来更加自然服帖，也可借助粉底刷从面部中间向面部外侧涂抹。

2. 粉底的要求

在选择粉底时，须选择和自己的皮肤本身的肤色相似（可高于皮肤颜色一个度）的颜色，不宜使用过白或过黑的粉底涂抹。

在涂抹粉底时，不需要把粉底均匀地涂抹在全脸，可根据自身的皮肤状态涂抹，如皮肤状态较差，可在痘印或瑕疵比较多的地方将粉底涂抹得厚一些，在皮肤状态较好的地方，涂抹时只需薄薄地涂抹一层起到提亮肤色的作用即可。

3. 涂抹粉底的注意事项

在涂抹粉底时要注意与脖子、耳朵四周的衔接。注意脸部的小角落，如鼻翼、嘴角、眼角、眼睛下方等。在涂抹粉底时，不要将过多的粉底抹入眉毛里。

4. 定妆粉的涂抹方法

定妆可以使得妆面更加持久，不容易晕妆，控油。

取适量的散粉倒入盒盖中，使用散粉刷或干粉扑蘸取后轻拍到脸上的各个部位，需要少量多次。可在出油比较多的地方，如在 T 区、鼻翼、下巴部分进行多次定妆，以实现更长时间的控油效果。

5. 腮红的打法

腮红的位置上限不宜超过外眼角的延长线，下限不宜超过鼻底至耳底的延长线，前面不宜超过黑眼球的垂直线，否则会使整个面部肌肉显得下垂，从而增加年龄感。

从鬓角开始斜向鼻尖方向，在颧骨和苹果肌的位置做晕染。注意颜色的晕染过渡，不宜太浓，上妆时借助腮红刷进行晕染能使颜色更加自然。腮红的颜色与口红颜色应保持在一个色系。

（四）美目贴的使用技巧

1. 美目贴的作用

美目贴既可以美化眼睛，使眼睛看起来更大更有神，也可以调整眼睛的形态，提拉眼位。

2. 美目贴粘贴的位置

眼睛的上眼皮处有一道褶皱线，也被称为双眼皮褶皱线。在粘贴美目贴时，应先找到双眼皮褶皱线，用美目贴压住原有的双眼皮褶皱线来进行粘贴，既不能超出也不能粘贴在褶皱线以内。

在粘贴美目贴时，应用镊子取出，不要让美目贴接触到指腹，不然会减弱美目贴的黏度。美目贴在粘贴过程中，皮肤应比较干爽，这样才能使美目贴更加牢固。

为避免美目贴产生反光效果，还可以在粘贴好之后轻拍上一些散粉。

（五）眼部化妆技巧

1. 眼影的画法

将浅色的珠光眼影涂抹在整个眼皮，适量地均匀抹开，再将浅色的眼影涂满眼窝处，切记要适量，否则会使整个眼睛看起来非常浮肿。

接着将浅咖啡色的眼影化在眼窝的上方处（眼褶），用眼影刷自然均匀地涂抹开来。然后再蘸取浅棕色的眼影，在眼皮与眼尾处进行晕染。

利用浅金色的眼影在上眼皮前二分之一处重叠晕染，使整个眼影的上色更加明亮闪耀，只需要一点点即可，太多反而会使眼妆看起来非常脏。

把刷子蹭干净，把刷尖扁平处压在浅色和深色交接的地方来回晕染。晕染完右眼后，要把刷子再次蹭干净才能晕染左眼，不然会有颜色污染。

把刷子侧过来，用尖尖的一边蘸红棕色，贴着睫毛线刷在外眼角位置。外眼角下垂的人不要画这一步，因为深色会把外眼角拉得更低。如图 3-2-6 所示。

2. 标准眼线的画法

用手轻轻提拉眉骨，使内眼睑充分暴露出来，用眼线笔填充内眼睑留白的部分。用眼线笔从眼尾平拉出一条眼线，长度不宜太长。

在描画眼线时，眼头和眼尾可以稍细一点，眼睛中部可加粗一些。

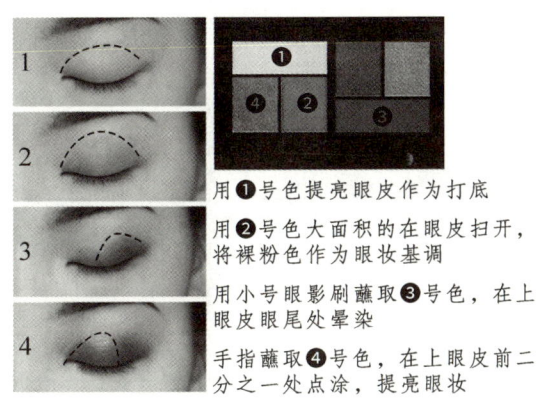

图 3-2-6 眼影晕染位置

3. 睫毛的修饰

浓密卷翘的睫毛不但能使眼睛看起来更加有神，并能在一定程度上起到放大眼睛的效果。睫毛的处理一共有两个步骤，分别是夹睫毛和刷睫毛膏。

（1）夹睫毛的方法。

眼睛向下看，让睫毛充分暴露出来。用睫毛夹先从睫毛根部开始夹，当睫毛根部夹好后，不要立马结束，应将睫毛夹微微往睫毛中部挪动，并夹睫毛中部，最后夹到睫毛尖端，才算结束。

睫毛根部起着支撑的作用，所以在夹睫毛根部的时候，停留的时间要在 8~10 s，其余部分可在 5 s 左右。

（2）刷睫毛膏的步骤。

在刷睫毛膏时，应从睫毛根部开始向外刷，并以"z"字形的动作刷上睫毛膏，这种刷法可以使睫毛看上去更加浓密。

在刷睫毛膏时，不要叠加太多次，会使睫毛打结，看上去十分脏。

刷下睫毛时，应该从内而外地刷，以使下睫毛看上去更加纤长。

4. 唇部化妆技巧

画唇的方法：

（1）原唇色如比较暗沉，在上底妆时，可将粉底盖于唇部，使唇色有一定遮瑕。

（2）选择一支适合自己肤色的口红。

（3）用无色唇膏进行唇部打底，这样可使唇色看起来更加均匀。

（4）在涂抹口红时，如有涂抹不均的现象出现，可使用唇刷进行细节上的勾画。

 知识拓展

粉底的选择

1. 粉底质地的选择

当今市场上，因消费者对粉底的功能要求不一，市面上出现了不同质地、不同功效的粉底，它们分别为粉底液、粉底膏、粉底霜和气垫 BB。我们可以通过表 3-2-1 更好地区分它们，了解它们的功效。

表 3-2-1　各粉底的特质

序号	粉底种类	持妆力度	滋润度	遮瑕力	妆感	适合肤质
1	粉底液	良好	滋润	一般	自然	干性肌肤、混合性肌肤和中性肌肤
2	粉底膏	较好	较干	较好	妆感重	油性肌肤、混合性肌肤和中性肌肤
3	粉底霜	一般	一般	良好	一般	混合性肤质和中性肤质
4	气垫 BB	较差	滋润	一般	自然	干性肌肤、敏感性肌肤和中性肤质

2. 粉底色号的选择

选择正确色号的粉底，才能使皮肤看上去光泽感十足并自然干净。在挑选粉底色号之前，首先选择适合自己肤质的粉底类型，其次以面部下颌骨周围的皮肤作为参照，找到与该部位颜色最接近的粉底色号，在该粉底色号的基础上白一个色号，就是最适合自己面部肤色的粉底色号了。

注：粉底色号一定要根据自己皮肤的颜色进行选择，如果色号太白，不但不会使自己的皮肤颜色变白，反而会出现"面具脸"、假白的妆面，看上去不仅不自然而且没有办法遮盖面部的瑕疵，导致整体妆面十分的斑驳。

五、高铁服务员职业妆容

化妆是每个高速服务人员必备的职业技能，精致而充满魅力的妆容对职场女性尤为重要。高铁服务人员的职业妆容特点应是不过浓的妆面，妆面不失亲和力，在面部妆容及服装搭配上，颜色也不宜过多。

（一）女性高铁乘务员职业妆容

女性高铁乘务员职业妆要点具体见图 3-2-7。

图 3-2-7　女乘务员职业妆容

1. 粉底

粉底应该选择细腻、质感较好的粉底液。粉底一定要服帖，颜色亲肤。打造妆容时尽量少用遮瑕膏，厚重的遮瑕会给肌肤带来不适感。

2. 眼部

眼影：眼影颜色可选用大地色系，增强眼部的立体感和轮廓感，颜色不宜过浓。
眼线：可使用黑色的眼线笔进行描画，注意不要画得过于夸张。
睫毛：用自然卷翘型的睫毛膏即可，无须配搭假睫毛。

3. 眉毛

眉毛方面，应根据自己的脸型确认眉形，选择和头发颜色近似的颜色进行描绘。

4. 腮红

腮红方面，应与口红颜色色系相一致，不宜过浓，以橙红色为主要颜色，有一定提升气色的效果。

5. 唇部

唇部用固体唇膏涂抹，可选用大红色、橙红色等颜色比较艳丽的口红。注意不要使用淡色色系或暗色色系的口红。

（二）男性高铁乘务员职业妆

男性高铁乘务员职业妆要点，具体见图 3-2-8。

图 3-2-8　男乘务员职业妆容

1. 粉底

男士在使用粉底前，可根据自身肤质来决定是否使用，大部分情况下，以轻薄的气垫 BB 为主进行皮肤的修饰即可，修饰痕迹应自然，不宜太过白皙和厚重。

2. 眼部

可将大地色的哑光眼影浅浅涂抹在上眼窝的位置,用手指晕染一下便可突显眼睛轮廓,加深立体感。

3. 眉毛

为了突出眉形,可适当地进行修剪,如果眉毛不够浓密,可用灰色眉粉进行适当填充。

4. 唇部

以无色唇膏为主,让唇部看起来不干裂。

任务训练

高铁乘务员职业妆容实训练习内容及评价标准

实训内容	操作方法	基本要求
1. 眉形的修剪	1. 根据自己的脸型,确定适合的眉形。 2. 熟悉修眉的步骤。 3. 进行修眉与画眉的步骤	1. 教师须先示范。 2. 分小组进行实操练习,并指导学生注意事项。 3. 小组操作后互相点评
2. 美目贴的使用	1. 确定自己的眼睛形态。 2. 练习粘贴美目贴	
3. 面部底妆的晕染	1. 掌握上粉底的方法。 2. 根据自己的肤质选择适合自己的粉底。 3. 知道如何打造出轻薄的定妆效果。 4. 定妆粉的涂抹练习。 5. 掌握腮红的位置。 6. 根据自己的脸型练习涂抹腮红	
4. 眼部的修饰	1. 练习眼影的晕染。 2. 眼线描画的位置。 3. 标准眼线的画法。 4. 夹睫毛的方法练习。 5. 刷睫毛的方法练习	
5. 整体职业妆容的练习	1. 能够熟练掌握职业妆的上妆技巧。 2. 能够为自己打造完整的职业妆容	

任务3 职业发型设计

现代职场发型设计对于提升个人形象有着非常重要的作用。发型设计最大的特征就是其个性化特征。而职业发型设计则是通过对职场环境与职场的要求有针对性地完成个人的发型,其特征具有明显的职业性。对于高铁服务员的发型，则应围绕工作性质和工作环境来设计，其发型特征以职业性为主。

一、职业发型设计的概念

（一）发型设计的概念

头发除了能增加人的美感之外，主要用于对头部的保护。任何一款发型都应有相应的空间或环境，发型与人体、与环境之间应该是一种相依共融、协调统一的关系，共同塑造出和谐之美。

发型设计也叫称发式设计，决定发型设计的因素有脸型、五官、年龄、身材、发色、职业等诸多要素。在某种意义上，发型不仅彰显一个人的性格、年龄，还可以很好地诠释一个人的文化修养、个人品位、审美观。

在发型设计中，有三个要素，即款式、颜色、纹理，它们是发型设计造型中的主要因素。其中款式在发型设计中起着决定作用，在改善脸型方面，能扬长避短，通过改变发型的颜色还可以改变人的肤色，从而提高人的气质和精神度，纹理对于发型款式起着修饰的作用，能够增强色彩的艺术感。在发型设计中，这三个要素相互制约，相互依存。在不同的发型设计中，三要素的着重点各有不同。

（二）职业发型设计

职业发型设计是职业和身份的个人社会角色的体现。设计发型时要注意了解设计对象所从事的职业。如教师的发型，要求自然，端庄；空中乘务和高铁乘务的发型，要求干净大方；上班时需要戴帽子的职业人士，在为他们设计发型时就应该选择既方便戴帽子，脱帽子时又不会变化太大的发型。不管怎样，发型的设计都需要符合工作的需要。

二、高铁服务员发型的基本要求

（一）男服务员发型的基本要求

1. 发型庄重

高铁服务员在选择发型时，应当体现庄重而保守的整体风格。只有这样，才能与职业身份相称，才能得到服务对象的信任和肯定。高铁服务员的发型不宜过于时髦。

2. 剪短头发

男服务员的发型必须满足"前发不覆额，侧发不掩耳，后发不触领"的要求：前不覆额主要要求头发前面的刘海不遮盖额头，不遮挡眼睛；侧发不掩耳指的是两侧的鬓角不长于上耳廓；后发不触领主要要求脑后的头发不能长至衬衫的衣领。为了保持头发的长度，应半个月左右修理一次头发最为得当。

3. 不准染发

除了黑色之外，男服务员的头发不准染其他颜色，如图 3-3-1 所示。

图 3-3-1　男服务员发型

（二）女服务员发型的基本要求

1. 发型朴素

女服务员在选择发型时，必须与其职业身份相称，符合本行业的要求，整体干净大方得体。不宜尝试过于前卫或发色过于艳丽的发型。

2. 长短适中

女服务员可留短发，短发造型不宜奇特。刘海不能挡住眼睛。两侧头发不宜盖住耳朵，要求干净利落。如是长发，应将长发扎起后盘于脑后，并按照要求佩戴帽饰。

3. 不准染发

除了黑色之外，女服务员的头发不准染其他颜色，如图 3-3-2 所示。

图 3-3-2　女服务员发型

4. 女乘务员发型的盘发步骤

高速乘务员职业女性发型的盘发步骤如下：

准备盘发工具：黑色皮筋、U 形夹、隐形发网、发胶等。

用黑色皮筋将所有头发固定于脑后，标准位置为两个上耳廓的延长线。要求不宜留前额的头发，两侧头发需要梳得干净，不能留出过多的碎发，如有太多碎发，会导致整个发型不干净利落，可使用发胶来解决。

将隐形发网固定在头发根部，将整束头发包入隐形发网内部后打圈盘至脑后用 U 形发夹固定即可。

 任务训练

高铁服务员发型实训练习内容及评价标准

实训内容	操作方法	基本要求
1. 完成职业女性盘发步骤	1. 按要求完成高速服务人员的盘发步骤。 2. 盘发训练，各小组拍照互评	1. 教师须先讲解并示范正确的操作方法及规范动作。 2. 分小组进行实操训练，并指导学生注意事项。 3. 小组操作后需有点评
2. 完成职业男性发型要求	1. 按照要求完成高速服务人员的男士发型。 2. 各小组拍照互评	

知识链接

如何护理头发

（1）在日常生活中，很多人都因为发质不好感到困扰。头发一般分为表皮层、皮质层、髓质层三层，起到保护头皮的作用。

（2）正确洗头。人们经常错误地认为他们每天都需要洗头，但是经常洗头发会让头发变得干燥，或者让头发质量下降。头发越长、越厚、越卷曲，就越需要更多时间来打理，那么洗头发的间隔时间就可以更长。如果你的头发很容易变油，那就建议天天洗。

（3）使用护发素。在洗头之后要用较好的护发素。护发素给你的头发提供水分，让它更加柔软，更加容易梳理。

（4）学会梳头。湿的头发比干的头发更容易受到伤害，因此不应该在洗后直接用梳子梳理它。梳头时记得从发梢开始，而不是从根部梳下来。

（5）买适合你发质类型的洗发水和护发素。

（6）不擦干头发。头发在湿的时候更加脆弱，用毛巾擦干头发会造成损害。买一条吸水性强的毛巾，可以在洗后环绕头发擦干。

（7）少用电吹风。尽可能地让头发自然晾干或者买一个离子吹风机，离子吹风机会发出带电粒子，从而将吹干头发的时间减半（减少热暴露），让角质层能够尽量平顺。

任务4　高铁服务人员整体形象塑造

本任务课程思政教育案例扫码观看

案例导入

铁路制服的更新换代，是企业文化背景下的产物。中国高铁崛起后，高铁出行已经成了大多数人的交通首选。作为服务行业，高要求、高标准的服务是近年来高铁发展的不懈追求。整齐划一的铁路制服，除了起最基本的劳动保护的作用以外，更是一种"标准化"的象征。标准化作业、标准化服务，都通过一身制服传递出了"人民铁路为人民"的服务理念，这是专属于铁路人的"职业特色"。铁路制服越来越"靓"，也符合当下时代审美的趋势。随着社会发展的多元化，铁路制服也受到各种各样的因素影响，不同铁路局的铁路制服各放异彩。不同色彩间的呼应相得益彰，既有一身红装的艳丽喜庆，也有一袭蓝装的优雅沉稳，每一套制服都蕴藏着中国文化的元素，求实质朴的同时又优雅大方。不同色彩的运用和演变，为出行的人们带来一场视觉盛宴。

案例分析

铁路建设者们精神抖擞，而他们身上笔挺的制服，就如同一张"门面"，让人们了解到"中国高铁"。各色的制服不仅凸显了中国文化的博大精深，更彰显铁路文化的魅力（见图3-4-1）。

图3-4-1　铁路服务人员入岗

一、高铁服务人员的着装礼仪

高铁服务人员的着装应符合职业着装标准，并要注意对细节的把控。

（1）工作制服可以提高企业形象和个人气质。要注意维持领子和袖口上的洁净，注意保持工装的整体挺括。

（2）穿工装时要注意检查扣子是否齐全，有无松动，有无线头、污垢等等。

（3）鞋子是工作服的一部分，在工作等正规场所要穿黑色皮鞋，并保持皮鞋的干净光亮，不能有异味。

（4）女士皮鞋的选择方面，因要方便行走，可选择舒适的、鞋跟不超过 5 厘米的高跟鞋。

（5）女士在穿着工作服时，应穿着与肤色相近的肉色丝袜，以连裤袜最佳。不能穿着白色线袜或半筒袜，并注意不能露出有破洞的袜子。男性高铁服务人员的袜子颜色应与皮鞋的颜色和谐，通常以黑色最为普遍，并要保持袜子的整洁干净，不能有异味，不穿有破洞的袜子。

（6）在穿着工作服时应将工作牌端正地佩戴在左胸上方。

（7）在工作时，女性饰物的佩戴应少而精，款式以简洁为宜。男性除了佩戴领带与手表外，其余配饰都不允许穿戴。手表应选择简单不浮夸的款式，领带颜色要与工作服的颜色搭配，一般以深色为主。

二、高铁服务人员的仪容仪表礼仪

仪容的修饰是个人仪表美的重要组成部分之一，包括头发、面部、颈部及手部等部位的修饰。

（一）女性高铁服务人员的仪容仪表礼仪（见图 3-4-2）

图 3-4-2　女性高铁服务人员职业形象

（1）女性高铁服务人员应在上班时间化职业妆上岗，但切忌妆容太浓，例如用颜色较为艳丽的眼影以及香水的味道过于浓。

（2）在上底妆时，粉底要自然，要注意颈部的肤色。

（3）在上班时间，头发必须盘起，不允许散发，不允许染发。

（4）不留长指甲，不涂抹颜色过于浓艳的指甲油。勤洗手，保持手部的卫生。

（二）男性高铁服务人员的仪容仪表礼仪

（1）注意个人面部卫生，勤剃胡子，要经常对眉毛和鼻毛进行修剪。

（2）可根据自己的皮肤状态适当地上妆，但切忌用颜色过白的粉底或上过厚的底妆。

（3）头发长度为"前发不覆额，侧发不掩耳，后发不触领"，在挑选发胶方面，不用味道过于刺鼻的发胶。不允许染发。

（4）注意手部卫生，勤洗手，不留长指甲。

任务训练

高铁服务人员整体形象塑造实训练习内容与评价标准

实训内容	操作方法	基本要求
1. 对自身的服装进行检查	1. 根据服装礼仪对自己的工作制服进行整理。 2. 检查自己的鞋子、袜子及配饰是否达到要求。 3. 与小组成员一起完成服装礼仪的穿戴	1. 教师讲解并示范正确的操作方法及规范动作。 2. 分小组进行实操训练，并指导学生注意事项。 3. 小组操作后需有点评
2. 对自身的仪容仪表进行检查	1. 能够掌握职业妆容的特点及技巧。 2. 能够严格要求自己和小组成员进行仪容仪表的检查	

项目 4 规范高铁服务员礼仪姿态

本项目课程思政教育案例扫码观看

高铁服务员礼仪姿态塑造标准动画扫码观看

人们的身体在社会生活中会呈现出各种姿态，包括举止动作、神态表情和相对静止的体态。人们的面部表情，体态变化，行、走、站、立、举手投足都可以表达思想感情。仪态既是表现个人涵养的一面镜子，也是构成一个人外在美好的主要因素。不同的仪态显示人们不同的精神状态和文化教养，传递不同的信息。在高速铁路客运服务中，服务人员举手投足要显示出应有的礼貌，把握良好姿态的要领是高铁服务人员塑造美好风度形象的有效途径。

案例导入

牡佳高速铁路，即沈佳高速铁路牡佳段，是中国黑龙江省东部一条连接牡丹江市与佳木斯市的高速铁路，是《中长期铁路网规划》（2016 年版）中"八纵八横"高速铁路主通道的区域连接线，是建成时中国最靠近国土东端的高速铁路。截至 2021 年 9 月，牡佳高速铁路线路起于牡丹江站，止于佳木斯站，全长 371 千米，共设 8 座车站（其中 7 座办理客运业务）。牡佳高速铁路将于 2021 年内建成通车，所有工作人员都已做好了充足的准备，牡丹江客运段精心选拔了 60 名乘务员，女乘务员身高 1.60 米至 1.75 米、男乘务员身高 1.70 米至 1.85 米，年龄 24 岁至 35 岁，大专以上学历、拥有普通话二级甲等水平，五官端正，亲和力强。该段聘请了专业礼仪教师，按照行业标准进行岗前培训，对乘务员蹲姿、站姿、微笑、引导手势、交谈用语等逐一细致打磨。在业务知识和服务技能学习的基础上，培训内容还增加了团队拓展训练及军事化训练，培养乘务员吃苦耐劳的工作作风，增强团队凝聚力和协作精神。经过作业标准、业务技能、服务礼仪、设备操作和实作培训后，这些青春靓丽的"动哥""动姐"将正式成为牡佳高铁动车组乘务员，成为牡佳高铁上一道靓丽的风景线。

案例分析

除了过硬的业务素质，形体礼仪也是乘务员的"必修课"，保持良好的礼仪姿态，把最好的一面展现给旅客，既是对自己的认可也是对旅客的尊重。

任务 1　表情与神态

表情与神态是一个人面部所呈现出来的具体形态。

表情：表现的是面部明确的变化，如微笑、严肃、目瞪口呆等，是指人通过面部形态变化所表达的内心的思想感情。

神态：通过细微观察眼睛和观察身体动作所传达的肢体语言，是指在人的面部所表现出来的神情与态度。高铁服务人员必须认真进行表情、眼神、微笑及神态的训练。

> **阅读材料**
>
> 　　人的面部表情是思维的"直观画板"，我们每个人的心理活动与性格都会在表情中体现出来。人的脸部肌肉十分发达，可以帮助我们做出很多不同的表情。一个人的喜怒哀乐往往都体现在脸上，所以表情相比于语言更能明显地表达心理状态与心理活动。只要我们学会观察一个人的表情，就能看出他的开心与悲伤。表情是情绪的载体，投射着独特的个人魅力与气质。

一、眼神

眼睛是心灵的窗户，而眼神则是透过窗户传递出的内心世界的本质。一个与人为善的人，眼神像一股股暖流，温暖滋润着我们的心灵；一个充满爱心的人，眼神也一定充满爱意，严肃中透露着慈祥，平静中透露着期盼。高铁服务人员眼神的传递和表达是非常重要的。

（一）注视区域

1. 严肃注视区

视线停留在对方前额的一个假设区域。

2. 社交注视区

视线停留在对方双目与嘴之间的区域。

3. 亲密注视区

视线停留在对方双目与胸部或腹部的区域。

（二）注视角度

1. 平视

平视对方是服务人员的常规要求，表现出双方的平等与本人的不卑不亢。当自己就座时，看见服务对象到来，要起身相迎。

2. 仰视

仰视对方有尊重、重视对方的含义。

3. 俯视

微笑着俯视对方，通常是长辈对晚辈的怜爱表情。面无表情地俯视对方则带有自高自大、盛气凌人之意。

 知识拓展

眼神的禁忌

一、不能对关系不熟或一般的人长时间凝视，眼睛注视对方的时间超过整个交谈时间的60%，属于超时型注视，一般使用这种眼神看人是失礼的。

二、与陌生人谈话时，不能不看对方。正确的眼神礼仪是：眼睛看对方眼睛到嘴巴的"三角区"，标准注视时间是交谈时间的30%~60%，这叫"社交注视"。

三、眼睛注视对方的时间低于整个交谈时间的30%，一般也是失礼的注视，表明他的内心自卑或企图掩饰什么或对人对话题都不感兴趣。

四、眼睛转动的幅度与快慢都必须遵循一个"度"，不要太快或太慢，眼睛转动稍快表示聪明、有活力，但如果太快则表示不诚实、不成熟，给人轻浮、不庄重的印象，如"挤眉弄眼""贼眉鼠眼"指的就是这种情况。但是，眼睛也不能转得太慢，否则就是"死鱼眼睛"。眼睛转动的范围也要适度，范围过大给人以白眼多的感觉；范围过小则显得木讷。

五、不能眯视、斜视、瞟视、瞥视。总的来说这几种注视方法都是不礼貌的。眼睛的语言，其实透示着一个人的品质与修养。

六、当对方说了错误的话而拘谨害羞时，不要马上转移自己视线，而要用亲切、柔和、理解的目光继续看着对方，否则对方会误认为你高傲，在讽刺和嘲笑他。

二、微笑

微笑是一种特殊的情绪语言。它可以和有声语言、行动相配合，起互补作用。工作、生活中离不开微笑，社交中更需要微笑。微笑是世界通用的体态语，它超越了各种民族和文化的差异。微笑是人人都喜爱的体态语，正因为如此，无论是个人和组织，都充分重视微笑及其作用。

（一）微笑产生的原因

心理原因：当我们快乐、喜悦时会情不自禁地微笑，这是由于心理原因而产生的微笑。天真无邪的孩子，单纯的学生的微笑多半都是心理原因的微笑。

社会原因：对人微笑是喜爱、尊重的表现。无论在哪一个国家、面对哪一种民族，即使语言不通，微笑都表达了同样的含义。微笑能满足人们的心理需求，因此与人打招呼、为客人服务时我们都应该微笑，而这样的笑容则是社会原因的微笑。

（二）微笑的意义

1. 微笑是一个人自信的象征

一个注重自我形象、悦纳自己、对未来充满信心的人，通常是笑口常开的。

2. 微笑是礼仪修养的充分展现

一个有知识、重礼仪、懂礼貌，与人为善的人，一定是个不吝啬把微笑慷慨地奉献给他人的人。

3. 微笑是和睦相处的反映

在人际交往中，彼此尊重、互相关心、我为人人、人人为我，我们身处这样的人生大舞台，人人脸上挂着微笑，我们的生活将会"阳光灿烂"。

4. 微笑是心理健康的标志

一个心理健康的人，定能将美好的情操、愉快的心情、善良的心地，通过微笑展现出来。

（三）微笑要注意的四个结合

1. 口眼结合

要口到、眼到，笑脸传神，微笑才能扣人心弦。

2. 笑与神、情、气质相结合

这里讲的"神"，是指要笑出自己的神情、神色、神态，做到情绪饱满，神采奕奕；"情"，就是要笑出感情，笑得亲切、甜美，反映美好的心灵；"气质"，是指笑出谦逊、稳重、大方、得体的良好气质。

3. 笑与语言相结合

语言和微笑都是传播信息的重要符号，只有注意微笑与美好语言相结合，声情并茂，相得益彰，微笑方能发挥出它应有的特殊功能。

4. 笑与仪表、举止相结合

以笑助姿、以笑促姿，形成完整、统一、和谐的美。尽管微笑有其独特的魅力和作用，但若不是发自内心的真诚的微笑，那将是对微笑语的亵渎。有礼貌的微笑应是自然的坦诚，内心真实情感的表露。否则强颜欢笑，假意奉承，那样的"微笑"则可能演变为"皮笑肉不笑""苦笑"。比如，拉起嘴角一端微笑，使人感到虚伪；吸着鼻子冷笑，使人感到阴沉；捂着嘴笑，给人以不自然之感。这些都是失礼之举。

（四）微笑的训练方法

1. 心动情动法

放松面部肌肉，联想愉快的事情。值得注意的是，微笑应当体现一个人内心深处的真、善、美，是一种内心活动的自然流露。只有来自内心深处，渗透着一定情感的微笑，才能感染他人。

2. 对镜训练法

对着镜子展示各种微笑，寻找自己最美的笑容，定格在脸上。反复练习，使它变成自己习惯性的笑容。

3. 手势训练法

伸出双手，展开大拇指与食指，在嘴角边向上牵引，嘴角跟随手指向上，展现微笑。

4. 部分训练

分别观察眼睛与嘴巴，找到最美的微笑眼睛、最合适的微笑嘴型，展现最动人的微笑。

5. 咬筷训练法

咬住一根筷子，露出恰当的笑容，保持不动，逐渐加长时间，这是锻炼长时间微笑的肌肉训练方法。

知识拓展

1948年，国际红十字会规定将国际红十字会创始人亨利·杜南的生日——5月8日定为世界红十字日，也即"世界微笑日"。从1948年起，每年的5月8日，世界精神卫生组织把这天订立为"世界微笑日"。的确，每一个人都需要放缓脚步，静观周围美好的事物，凝神谛听大自然的天籁，让绷紧的脸庞舒缓，皱紧的眉宇打开，让微笑在脸上绽放，才能融解人们彼此之间的冰霜和风寒。希望通过微笑促进人类身心健康，同时在人与人之间传递愉悦与友善，增进社会和谐。

从1948年这个节日的订立开始，每年的5月8日就变得温馨起来。在对别人微笑的过程中，你也会看到世界对自己微笑起来。

任务训练

规范高铁乘务员礼仪姿态之表情实训练习内容及评价标准

实训内容	操作方法	基本要求
模拟设计旅客乘坐高铁时，乘务员在列车旁迎接客人时的微笑、打招呼和眼神训练	1. 同学对镜练习微笑。不同场合露齿笑、不露齿笑的差别。 2. 眼神注视到位。 3. 同学分组练习对旅客的问候	1. 微笑时眼睛、嘴巴到位。 2. 分小组进行实操练习，教师指导学生注意各个细节。 3. 每位同学情景模拟后需要互相点评

任务2 站 姿

案例导入

风景秀丽的某海滨城市的朝阳大街高耸着一座宏伟楼房，楼顶上"环球贸易公司"六个大字格外醒目。某照明器材厂的业务员金先生按原计划，手拿企业新设计的照明器材样品，兴冲冲地登上六楼，还没有来得及擦去脸上的汗珠，便直接走进了业务部张经理的办公室，正在处理业务的张经理被吓了一跳。"对不起，这是我们企业设计的新产品，请您过目。"金先生说。张经理停下手中的工作，接过金先生递过的照明器，随口赞道："好漂亮啊！"并请金先生坐下，倒上一杯茶递给他，然后拿起照明器仔细研究起来。金先生看到张经理对新产品如此感兴趣，如释重负，便往沙发上一靠，跷起二郎腿，一边吸烟一边悠闲地环视着张经理的办公室。当张经理问他设计电源开关位置的原因时，金先生习惯性地用手搔了搔头皮。好多年了，别人一问他问题，他就会不自觉地用手去搔头皮。虽然金先生作了较详尽的解释，张经理还是有点半信半疑。谈到价格时，张经理强调："这个价格比我们预算高出较多，能否再降低一些？"金先生回答："我们经理说了，这是最低价格，一分也不能降了。"张经理沉默了半天没有开口。金先生却有点沉不住气，不由自主地拉松领带，眼睛盯着张经理。张经理皱了皱眉，"这种照明器的性能先进在什么地方？"金先生又搔了搔头皮，反反复复地说："造型新、寿命长、节电"。张经理托辞离开了办公室，只剩下金先生一个人。金先生等了一会儿，感到无聊，便非常随便地抄起办公桌上的电话同一个朋友闲谈起来。这时，门被推开，进来的却不是张经理，而是办公室秘书。

案例分析

金先生这次推销的失败与他不良的言谈举止有重要关系。

人的一举手、一投足、一弯腰，乃至一颦一笑，都并非偶然的、随意的，这些行为举止自成体系，像有声语言那样具有一定的规律，并具有传情达意的功能。人们可以通过自己的仪态向他人传递个人的学识与修养，并能够以其交流思想、表达感情。正如艺术家达·芬奇所说："从仪态了解人的内心世界、把握人的本来面目，往往具有相当的准确性和可靠性。"

一、站姿的基本要求

在人际交往中，站立姿势是一个人全部仪态的根本。如果站立姿势不够标准，一个人的其他姿势根本谈不上优美。标准的站立姿势要注意以下几个方面。

1. 头正

头正径直，两眼平视前方，嘴微闭，下颌微收，表情自然，稍带微笑。

2. 肩平

两肩平齐,微微放松,肩胛骨自然内收。

3. 臂垂

两臂自然下垂,两手放于身体两侧,手中指贴裤缝。

4. 胸挺

胸部挺起,让背部平整。

5. 腹收

腹部往里收,不能随意凸起,腰部正直,臀部向内、向上收紧。

6. 腿直

两腿立直,身体重心落于两腿正中。

> **小贴士**
>
> 标准的站姿,在身体内应有 3 组对抗力量。
> 头部与肩部:头顶上悬,肩向下沉,成上下的对抗力量。
> 躯干部位:挺胸、收腹、提臀,形成前后挤压力。
> 下肢部位:髋部上提,脚趾抓地,形成上下的对抗力。
> 这 3 组对抗力量能使人的身体挺拔向上(见图 4-2-1)。
>
>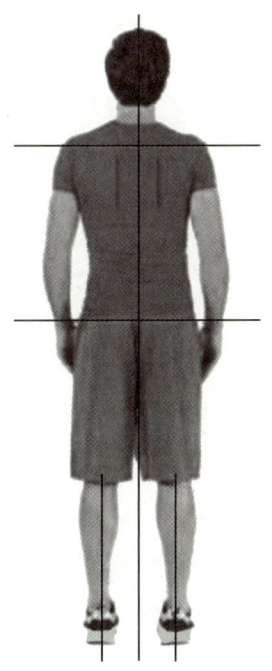
>
> 图 4-2-1 站立时三组力量对抗示意图

二、高铁服务员站姿塑造

站立是人最基本的行为姿势,展现了人在停止体态活动后的一种静态美。高铁服务员优雅的站姿不但是自我尊重和尊重他人的表现,更能反映出高铁服务人员的工作态度和良好的职业形象。

(一)男性乘务员常用站姿

1. 跨立式

左脚向左横迈一小步,两脚间距离不超过肩宽,两脚尖与两脚跟的距离相等,两手在腹前交叉,右手握左手腕,挺胸立腰,下颌微收,双目平视,头正颈直(见图4-2-2)。

2. 标准式

双脚跟并拢,脚尖并拢,双臂自然下垂于身体两侧,挺胸立腰,下颌微收,双目平视,头正颈直(见图4-2-3)。

图 4-2-2　跨立式站姿

图 4-2-3　标准式站姿

(二)女性乘务员常用站姿

1. 标准式

头正颈直,双目平视,下颌微收,挺胸收腹,提髋立腰,两腿直立,双膝并拢,双脚并拢,两手在腹前交叉,右手盖住左手(见图4-2-4)。

2. 八字步

双脚跟并拢,脚尖展开30~45°,两手在腹前交叉,右手盖住左手,挺胸立腰,下颌微收,双目平视，头正颈直（见图 4-2-5）。

图 4-2-4　标准式站姿

图 4-2-5　八字步站姿

3. 丁字步

右（左）脚向前将脚跟靠于左（右）脚内侧中间位置形成锐角，两手在腹前交叉，右手盖住左手，挺胸立腰，胯部转正，下颌微收，颈直，头部右（左）转双目平视正前方（见图 4-2-6 和 4-2-7）。

图 4-2-6　右丁字步站姿

图 4-2-7　左丁字步站姿

> **小贴士**
>
> 站立时的禁忌姿势
>
> （1）站立时不要过于随便，驼背、塌腰、耸肩、两眼左右斜视、双腿弯曲或不停颤抖，都会影响站姿的美观。
>
> （2）站着与别人谈话时，要面向对方，保持一定距离，太远或太近（特别是对异性）都不礼貌。姿势要站正，上身可以稍稍前倾，以示谦恭，但身斜体歪、两腿叉开很大距离、两腿交叉或倚墙靠桌、手扶椅背、双手叉腰、以手抱胸等都是不雅和失礼的姿态。
>
> （3）正式场合，双手也不能插在衣袋中，实在有必要时可单手插入衣袋，但时间不宜过长。当对面有人时，以手抱胸的站立姿势表示的是不安或敌意，也包含"我对你的看法不能苟同"的意思。

任务训练

规范高铁乘务员礼仪姿态之站姿实训练习内容及评价标准

实训内容	操作方法	基本要求
1. 男士两种站姿	1. 男士展示标准式站姿。 2. 男士展示跨立式站姿	1. 教师须先示范。 2. 分小组进行实操练习，并指导学生注意事项。 3. 每位同学进行站姿展示后需要互相点评站姿是否得体、到位、符合标准
2. 女士三种站姿	1. 女士展示标准式站姿。 2. 女士展示八字步站姿。 3. 女士展示丁字步站姿	
3. 用三组对抗力量检查站姿是否符合标准	1. 头与肩上下对抗。 2. 胸与腹前后对抗。 3. 臀与腿上下对抗	

任务 3　坐　姿

一、入座与起身

（一）入座时基本要求

1. 一般应在别人之后入座

出于礼貌，和客人一起入座或同时入座时，要分清尊卑，先请对方入座，自己不要抢先入座。

2. 从座位左侧入座

如果条件允许，在就座时最好从座椅的左侧入座。这样做既是种礼貌，也容易就座。从座椅的"左入""左出"是一种礼节。

3. 向周围的人致意

在就座时，如果附近坐着熟人，应该主动跟对方打招呼，即使不认识，也应该先点点头。在公共场合，要想坐在别人身旁，必须征得对方的允许，还要放轻动作，不要使座椅乱响。

4. 以背部接近座椅

在别人面前入座时，应面向对方、背对着自己的座椅，这样就不至于背对着对方。得体的做法是：先侧身走近座椅，背对着站立，右腿后退一点，以小腿确认一下座椅的位置，然后随势坐下。必要时，用一只手扶着座椅的把手。女士如果穿裙装要先轻拢裙摆，再入座。

5. 入座注意事项

入座时要放慢速度，动作轻稳，尽量不发出任何声音，在自己身体与座椅之间距离没有调整好的情况下，注意不要用手拖拉座椅。不应坐满座位，大体占据二分之一到三分之二处的座位即可。

（二）离座时基本要求

1. 事先说明

离开座椅时，身边如果有人在座，应该用语言或动作向对方先示意随后再站起身来。

2. 注意先后

和别人同时离座，要注意起身的先后次序。地位低于对方时，应该稍后离座；地位高于对方时，可以首先离座；双方身份相近时，可以同时起身离座。

3. 起身缓慢

起身离座时，最好动作轻缓，不要"拖泥带水"，弄响座椅，或将椅垫、椅罩弄得掉在地上。

二、高铁服务员坐姿塑造

标准坐姿基本要求：坐姿的上身要求与站姿基本一致，头正颈直，两眼平视前方，下颌微收，表情自然，稍带微笑；收腹挺胸，立腰；女性着裙装时膝盖一定要并拢（见图4-3-1、4-3-2）。

（一）男性坐姿规范

1. 分膝坐姿

大腿与小腿、小腿与地面都成直角。双膝自然分开不超过肩宽，双手自然放在腿上（见图4-3-3）。

2. 交叉坐姿

小腿稍向前伸，双脚在踝关节处交叉，双膝自然分开不超过肩宽，双手自然放在腿上或放在椅子扶手上（见图4-3-4）。

图 4-3-1　女性标准坐姿

图 4-3-2　男性标准坐姿

3. 叠腿坐姿

两条大腿部分叠放在一起，叠在下边的一条腿的小腿垂直于地面，叠在上边的另一条腿的小腿向里收，脚尖向下，双手自然放在腿上（见图 4-3-5）。

图 4-3-3　分膝坐姿

图 4-3-4　交叉坐姿

图 4-3-5　叠腿坐姿

（二）女性坐姿规范

1. 侧曲式

双膝并拢，双脚向身体一侧弯曲，脚尖着地（见图 4-3-6）。

2. 前伸后屈坐姿

有一条腿前伸，另一条腿小腿屈回，用脚掌着地，大腿靠紧，双膝并扰，两腿前后在一条直线上（见图 4-3-7）。

图 4-3-6　侧曲式坐姿

图 4-3-7　前伸后屈坐姿

3. 叠腿坐姿

身体坐正，两条大腿部分叠放在一起，叠在下边的一条腿的小腿垂直于地面，叠在上边的另一条腿的小腿向里收，脚尖向下（见图 4-3-8）。

4. 侧叠腿坐姿

身体坐正，两条大腿部分叠放在一起，叠在下边的一条腿侧向一方，叠在上边的另一条腿自然靠拢，脚尖内收（见图 4-3-9）。

图 4-3-8　叠腿坐姿

图 4-3-9　侧叠腿坐姿

以上只是坐姿的一部分，只要腰直立，头、上体与四肢协调配合，那么不管怎样变换坐姿，都会自然优美。值得注意的是，很多场合不宜采用叠腿坐姿。女性无论怎样变换坐姿都要保持膝盖并拢。

（三）坐定时注意事项

（1）女服务员坐姿，无论大腿叉开还是小腿叉开都非常不雅，特别是身穿裙装的女乘务员更不要忽略了这一点。

（2）落座后将双腿叠在一起，要注意不能将一只脚架在另一条大腿上。

（3）坐下后将双腿直伸出去，这种姿势既影响他人，也显得很不雅观。

（4）坐下时，反复抖动自己的腿或脚，这种姿势不仅让其他人看得心烦意乱，同时也显得人极不安稳。

（5）不能跷二郎腿将脚尖指向他人、脚部蹬踏在其他物体上，不能脱鞋袜、手触摸小腿或脚部、手乱放、双手抱腿、上身向前趴伏在座椅或自己大腿上。

（6）当坐在座位上与旅客谈话时，可以侧坐，侧坐时上体与腿同时向一侧，双膝靠拢，脚跟靠紧。要尽量将整个上身都转向对方，并正视对方以示尊重。不要有摆弄手指、拉衣角、整理头发等懒散的姿态。

任务训练

规范高铁乘务员礼仪姿态之坐姿实训练习内容及评价标准

实训内容	操作方法	基本要求
1. 男士坐姿变换	1. 男士标准坐姿。 2. 男士展示分膝式坐姿。 3. 男士展示交叉坐姿。 4. 男士展示叠腿坐姿	1. 教师须先示范。 2. 分小组进行实操练习，并指导学生注意事项。 3. 每位同学进行坐姿展示后需要互相点评坐姿是否得体、到位、符合标准
2. 女士坐姿变换	1. 女士标准坐姿。 2. 女士展示侧曲式坐姿。 3. 女士展示前伸后屈坐姿。 4. 女士展示叠腿坐姿。 5. 女士展示侧叠腿坐姿	

任务4　走姿与蹲姿

一、走姿

走姿指一个人在行走时所采用的动态姿势。对于高铁服务员来说，优雅稳重、节奏明快的走姿可以展现自己朝气蓬勃的个人气质、积极向上的精神状态和优美的动态之美。

（一）标准的走姿

1. 走姿规范

头正颈直，双目平视，挺胸收腹，立腰。手臂放松，手指自然弯曲，以肩关节为轴，前后摆动手臂，前后自然摆动，摆动幅度不宜太大或太小。提髋，大腿带动小腿向前迈步。脚跟先接触地面，依靠后腿将身体重心推送到前脚掌，使身体前移，脚尖向正前方伸出。保持步态稳健、动作协调。

2. 两个指标

（1）步位：指在行走时脚落在地上的位置。在行走时女士的步位应该是一条直线，男士的步位应是两条靠近的平行线。避免脚尖向内（内八字）或脚尖向外（外八字）。

（2）步度：指每走一步时，前脚后跟与后脚脚尖之间的距离。步度大小标准因人、因时、因着装而异。匀速行走时，步度通常应该是自己的一只脚的长度，步度太大或太小都会直接影响走姿的优美。

3. 走姿的变换

在行走中经常会改变行走的方向，高铁服务员除常规的前行外，还会经常运用到后退、侧行、前行转身、后退转身等。

（1）后退：告别后扭头就走是失礼的。通常应该面向对方后退两至三步，再转体迈步走开。后退时步度要小，脚掌宜轻擦地面。转体时，应该先转身后转头。

（2）侧行：在与同行者交谈时、引导客人时或在路面较窄的走廊中与人相遇时，都要采用侧行方式。两肩一前一后，将胸转向对方而不是将后背转向对方。

（3）前行转身：在行进中要向左转体时，要在左脚迈步落地时，以左脚掌为轴心向左转90°，同时迈右脚。前行右转与前行左转相反。

（4）后退转身：向后退两步，以一只脚掌为轴心向左（向右）转90°，同时向左（向右）迈左脚（右脚）。

（二）走姿具体要求

1. 女性走姿的具体要求

上身自然挺拔，头正、挺胸、收腹、立腰，重心稍向前倾。女性行走时膝和脚腕不可过于僵直，应该富有弹性，落脚时膝盖要尽量直，双臂应自然轻松摆动，使步伐因有韵律节奏感而显优美柔韧。一般情况下，女性步幅因所穿服装的不同，步度也要随之改变；穿旗袍或窄裙、高跟鞋的时候，就不能迈着大步行走，要以小步幅为宜；穿长裤时步幅则可大些。在服务工作中常见女服务员的步位是一字步，即行走时两脚内侧在一条直线上，收腰提臀、挺胸收腹，肩外展，头正颈直，微收下颌。行进中应有意识使之悄然无声，不应制造各种噪音（见图4-4-1）。

2. 男性走姿的具体要求

男性走姿的具体要求为步伐矫健、稳重、刚毅、洒脱、豪迈，具有阳刚之美。行走时，双目向前平视，微收下颌，面容平和自然，不左顾右盼；双肩平稳、肩峰稍后张，大臂带动小臂自然前后摆动，肩勿摇晃；前摆时，掌心向内，勿甩小臂，后摆时勿甩手腕（见图4-4-2）。

（三）走姿中应该注意的问题

（1）在引导客人时，高铁服务员应该走在客人的左侧前方，步度适中，应该与宾客相协调。在陪同客人时，则应尾随其左后方。

（2）在上下楼梯时，高铁服务员应注意靠右行走，行进速度适中，不可太慢而影响其他人通行，也不可太快抢行。陪同客人上楼梯应请客人先上，自己尾随；下楼梯时应自己先行，用眼睛查看客人是否跟上，注意客人的安全。

图 4-4-1　女性走姿

图 4-4-2　男性走姿

知识拓展

走姿禁忌

（1）低头看脚。给人的感觉是心事重重，萎靡不振。

（2）踢着走。踢着走的时候身体会向前倾，走路时只有脚尖踢到地面，像走小碎步一般，走姿很不雅。

（3）拖脚走。给人的感觉是未老先衰、暮气沉沉。

（4）跳着走。使人觉得你心浮气躁。

（5）走出内、外八字。长久坚持内八字走法会造成O形腿，外八字走法则会使膝盖向外，既感觉没有气质，腿形也会变丑。

（6）摇头晃脑，晃肩扭臀。行走时忌左顾右盼，瞻前顾后，会被误解，特别是在公共场合，很容易给自己招来不必要的麻烦。

（7）大半个身子前倾。走路时大半个身子前倾，不仅动作不美，还有损健康。

（8）与他人相距过近。行走时与其他人相距过近，有时会与他人发生身体碰撞。

（9）尾随他人。行走时尾随于其他人，甚至对其窥视围观或指指点点，此举会被视为侵犯人权。

（10）速度过快或过慢。行走时速度过快或过慢，以致对周围人造成一定的干扰。

（11）行进中吃喝。边行走边吃喝，给人的感觉是缺乏修养。

二、蹲姿

蹲姿是人们在特殊情况下采取的一种暂时性的姿势，适用于整理工作环境，给予客人帮助，提供必要服务，捡拾地面物品，帮客人拿起地板上的行李，有时会运用蹲姿与就座的人士交谈等。高铁乘务员在服务工作时经常运用蹲姿这种形体语言，以展示对乘客的尊重。

(一) 蹲姿的种类

优雅的蹲姿一般有下列两种。

1. 交叉式蹲姿

交叉式蹲姿，通常适用于女性，尤其是身穿短裙时。下蹲时一只脚在前，全脚着地；另一只脚在后，左右腿交叉重叠，后一只脚脚跟抬起，脚掌着地。两腿前后靠紧，合力支撑身体。蹲下时臀部向下，上身稍前倾（见图4-4-3、4-4-4）。

图4-4-3　交叉式蹲姿正面

图4-4-4　交叉式蹲姿侧面

2. 高低式蹲姿

下蹲时一只脚在前，另一只脚稍后，两腿靠紧向下蹲。前一只脚全脚着地，小腿基本垂直于地面，另一只脚脚跟提起，脚掌着地，主要以前一只脚支撑身体。女士两条腿紧紧靠拢，男士两条腿可以稍稍分开。这是使用得最多的一种蹲的姿势。工作中男性通常使用这种姿势下蹲（见图4-4-5、图4-4-6）。

图 4-4-5　女性高低式蹲姿

图 4-4-6　男性高低式蹲姿

> **知识扩展**
>
> 其他蹲姿
>
> 1. 半跪式
>
> 半跪式蹲姿又叫单跪式蹲姿。它是一种非正式蹲姿，多用于下蹲时间较长，或为了用力方便之时。它的特征是双腿一蹲一跪，一腿单膝着地，臀部坐在脚跟之上，而以其脚尖着地；另一条腿则应当全脚着地，双腿应尽力靠拢。
>
> 2. 半蹲式
>
> 半蹲式蹲姿多于行进之中临时采用。基本特征是身体半立半蹲，其要求是：下蹲时，上身稍许弯下，但不宜与下肢构成直角或锐角；臀部向下而不是撅起；双膝略为弯曲，其角度可根据需要调整；身体的重心应放在一条腿上。

（二）蹲姿的基本要领

（1）站在所取物品的旁边，蹲下屈膝去拿，而不要低头，也不要弓背，要慢慢地蹲下，掌握好身体的重心。

（2）高铁服务员下蹲拾物时，应自然、得体、大方，不遮遮掩掩。掌握好身体的重心，避免滑倒，使头、胸、膝关节在一个角度上，男士两腿间可留有适当的缝隙，右手捡拾物品、起立，蹲姿要迅速、美观、大方。

（3）女服务员无论采用哪种蹲姿，都要将腿靠紧，自然蹲下。若用右手捡东西，行走并到位（右手边为物体）停止，用左手捋一下裙子后面，左手臂滑向两腿重合部位盖住裙角。

双腿保持紧贴，左腿略低，右脚向后退半步后再蹲下来。脊背保持挺直，臀部一定要蹲下来，避免弯腰翘臀的姿势。

（三）蹲姿禁忌

弯腰捡拾物品时，离人过近、方位失当（忌正或背对客人）、两腿叉开、臀部向后撅起，都是不雅观的姿态，两腿展开平衡下蹲，其姿态也不优雅。

任务训练

规范高铁乘务员礼仪姿态之走姿蹲姿实训练习内容及评价标准

实训内容	操作方法	基本要求
1. 走姿训练	1. 男士展示走姿。 2. 女士展示走姿	1. 教师须先示范。 2. 分小组进行实操练习，并指导学生注意事项。 3. 每位同学进行走姿和蹲姿展示后需要互相点评走姿蹲姿是否得体、到位、符合标准
2. 女士蹲姿训练	1. 女士展示高低式蹲姿。 2. 女士展示交叉式蹲姿。 3. 女士着裙装要采用交叉式蹲姿	
3. 男士蹲姿训练	1. 男士展示高低式蹲姿	

任务 5　手　势

案例导入

在我们的日常生活中，一个人竖大拇指的动作很常见。大拇指是权威的象征，代表力量和自我，所以与大拇指有关的肢体语言，常常是寓意强势和超强的自信以及带有侵略色彩的勃勃野心。关于拇指最常见的手势就是向上或者向下。

向上竖大拇指，大多是代表自己对某人的话或者某件事表示认同和赞赏，有时也表示对他人的感谢或者表示已经把事情办妥了。比如说，篮球比赛场中，裁判一手篮球一手竖大拇指，就表达的是一切准备好之后可以开始比赛了。准备就绪的含义来源于飞行驾驶员，因为在飞机升空待发时，引擎发出的巨大声响使得驾驶员无法和地勤人员沟通，他们就用竖起大拇指的方式表达：我已经准备好了。

案例分析

肢体语言属于二级语言，通常以配合其他动作的方式来表达相关含义。

一、手势的礼仪规范

在社会交往中,手势有着不可低估的作用。手势运用得自然、大方、得体,使人感到既寓意明晰又含蓄高雅,其效果有时是语言所不及的,所以,高铁服务员的手势训练是非常重要的。手势运用的基本要求如下:

(1)手姿动作宜少不宜多,宜小不宜大。使用手势时不可用手指指指点点,因为是失礼的行为。

(2)单手手势运用尽量使用右手,手腕伸直,五指并拢,掌心斜向上,掌心不能凹陷。

(3)递接物品时使用双手表示恭敬。持物品时,通常左手持物,右手做手势时,注意保证物品的稳妥。

(4)运用手势是为了增强表达,多余的手势则是画蛇添足。

(5)手势只有配合语言、表情及身体统一"行动",才能发挥最佳效果。

二、高铁服务员常用手势

1. 横摆式

右手从身体侧抬起,五指并拢,掌心斜向上与地面呈45°,大臂和小臂呈90°~120°,左手自然垂在身体左侧,注视来宾、面带微笑,上身前倾,举手时目光看向手指示的方向(见图4-5-1、4-5-2)。

图4-5-1 横摆式(女)　　　　　图4-5-2 横摆式(男)

横摆式手势通常用于"请"。例如:客人在进入高铁客舱时,高铁乘务员向每位旅客指示方向,并配合语言:"请往里面走"。

2. 直臂式

右手五指伸直并拢,手臂伸直向前抬起,掌心斜向上与地面呈45°,与横摆式不同的是肘关节伸直，向要行进的方向伸出前臂，眼睛看指示的方向或物品。

直臂式通常用于为旅客指示方向时。当旅客进入高铁客舱寻找座位，高铁乘务员可用直臂式手势为客人指示相应的座位方向（见图 4-5-3、4-5-4）。

图 4-5-3　直臂式（女）　　　　　　　　图 4-5-4　直臂式（男）

3. 曲臂式

五指伸直并拢，手心不凹陷，从身体的侧前方，由下向上抬起，至上臂离开身体 45°，然后以肘关节为轴，由体侧向前摆动，摆到手与身体相距 20 厘米处停止，并微笑点头示意客人（见图 4-5-5、4-5-6）。

图 4-5-5　曲臂式（女）　　　　　　　　图 4-5-6　曲臂式（男）

曲臂式手势常用于表达"里面请"的含义，当旅客询问乘务员座位牌号时，乘务员便可采用曲臂式。当一只手拿着东西，扶着电梯门或房门，同时要做出"请"的手势时可采用曲臂式。

4. 斜式

接待客人入座时，右手自上而下以肘关节为轴摆动使手臂向下成一斜线，表示请客人入座（见图4-5-7、4-5-8）。

图4-5-7 斜式（女）　　　　　　　　　图4-5-8 斜式（男）

斜式手势常用于表达"请坐"的含义，是当旅客进入高铁客舱，乘务员主动引导客人入座时使用的手势。

5. 双臂式

两手自然从体侧抬起，至横膈膜处，上身前倾，眼睛注视客人。当面对较多来宾表示"请"时，使用该手势（见图4-5-9、4-5-10）。

> **小贴士**
>
> **运用手势时应注意的问题**
>
> （1）指到自己时应掌心向内，拍在胸脯上，切忌用拇指指自己。
>
> （2）他人面前切忌用手做不雅的动作。如：掏耳朵、搔头皮、挖鼻孔、剜眼屎、剔牙齿、抓痒痒等等。
>
> （3）他人面前切忌用手做不稳重的动作。如：双手乱摸、乱动、乱放，或是咬指甲抬胳膊、折衣角、抱大腿等。

图 4-5-9　双臂式（女）

图 4-5-10　双臂式（男）

> ### 知识链接
>
> ### 肢体语言
>
> **1. 头部动作**
>
> 我们最熟悉的肢体语言莫过于点头和摇头了。例如：在与人交谈的过程中，如果你头部保持中立，表示你对对方的讲话既不感厌烦，也未产生兴趣；在别人说话的时候，你把头低下，斜着头听对方讲话，则表示你很消极，心中不太愉快。服务人员应懂得以下几种肢体语言，有助于了解一些旅客的心理：
>
> （1）用手捂嘴：一个人在话说中或说话后有用手触嘴部周围的肢体语言出现，就表明刚刚说过的话，有可能不尽真实。
>
> （2）摸鼻子：摸鼻子说话的动作里，两手手指相抵轻触鼻部。这个小动作表示为难迟疑：不知这句话该不该说，或这件事该不该做。
>
> （3）与人谈话时，常常会不由自主地用手搔搔头、掏掏耳朵、摸摸脸或揉太阳穴，这表示内心有点拘谨或很不安定。
>
> **2. 手臂动作**
>
> （1）当人十分紧张时，会不停地把玩手边的东西，不自觉地用手边的一些东西临时转移和释放这种紧张情绪。两手交叉置于胸前，这是一种典型的防护姿势，因为两手在胸前等于是筑了一道围墙，表达出一种拒绝或否决的心情，这种动作给人的印象既不自信也不友善。
>
> （2）有的人喜欢指手画脚，用手指点他人，虽然没有恶意，但却属于一种粗鲁无礼的行为。
>
> （3）手叉在腰上，这个姿态表示喜欢挑战或进攻，有这种习惯的人要注意改正，不然会引起他人的反感和误会。

任务训练

规范高铁乘务员礼仪姿态之手势实训练习内容及评价标准

实训内容	操作方法	基本要求
模拟设计场景练习手势的横摆式、直臂式、曲臂式、斜式、双臂式手势	1. 五指并拢，掌心斜向上，手腕伸直。注意视线与手势指向一致。 2. 展示横摆式手势。 3. 展示直臂式手势。 4. 展示曲臂式手势。 5. 展示斜式手势。 6. 展示双臂式手势	1. 教师须先示范。 2. 分小组进行实操练习，并指导学生注意事项。 3. 每位同学进行手势展示后需要互相点评手势是否得体、到位、符合标准

任务6 行 礼

案例导入

郑某是某单位的经理，有一天，他被邀请参加一场晚宴，此次晚宴规模很大，聚集了职场上的成功人士。在宴会上，郑某被朋友介绍给一位曹女士，为了表示自己的友好，他先把手伸出去了，可是那位曹女士居然没有反应，还在与一旁的朋友说说笑笑。郑某觉得非常的尴尬，觉得手不能再缩回去了，撑了大概20多秒，那位女士还是不配合，后来他一着急说：蚊子！转手去打莫须有的蚊子。这种场面让周围的人都不禁捏了把冷汗。郑某也是满脸通红地离开了。

案例分析

不懂得握手礼仪常识造成的尴尬。

一、致意礼

（一）点头致意

在服务接待中路遇客人时，社会交往中路遇辈分等同的熟人时，在不宜与人交谈的地方或多次见面时，在步行中或立定时，长辈上级向晚辈下级还礼时，我们均可行点头致意礼。

目光注视对方，面带微笑，微微点头（可根据情形说或不说问候语）。服务接待人员如路遇宾客，一般可侧身止步让行，并点头微笑致意。行此礼时不宜反复点头不止，也不必点头的幅度过大。

（二）举手致意

人们日常见面时，尤其是在向距离较远的熟人打招呼时或者不便谈话时，可行举手致意礼，上级领导面对人数较多的群众时也会举手致意。将右臂斜向上方伸直，右手掌心朝向对方，四指并拢，拇指分开，左右轻轻摇晃。

二、握手礼

（一）握手的场合

（1）遇到较长时间没见面的熟人。
（2）在比较正式的场合和认识的人道别。
（3）在以本人作为东道主的社交场合，迎接或送别来访者时。
（4）拜访他人后，在辞行的时候。
（5）被介绍给不认识的人时。
（6）在社交场合，偶然遇上亲朋故旧或上司的时候。
（7）别人给予你一定的支持、鼓励或帮助时。
（8）表示感谢、恭喜、祝贺时。
（9）对别人表示理解、支持、肯定时。
（10）得知别人患病、失恋、失业、降职或遭受其他挫折时。
（11）向别人赠送礼品或颁发奖品时。
（12）拜托别人时。

通常，上述所列举的情况都是适合握手的场合，在应该握手的场合若拒绝或忽视了别人伸过来的手，就是自己的失礼。

（二）握手的顺序

握手的顺序主要根据握手人双方所处的社会地位、身份、性别等各种条件来确定。一般顺序为：上级、长辈、女士、主人先伸手。

（1）在一般情况下，由年长的先向年轻的伸手，身份地位高的先向身份地位低的伸手，女士先向男士伸手，老师先向学生伸手，体现的是"尊者为先"的标准。

（2）在社交场合，不应先伸手的就不要先伸手，见面时可先行问候致意，待对方伸手后再与之握手。

（3）在特定情况下，握手的次序会有所变化。

①拜访时，一般是主人先伸手，表示欢迎；告别时，则应由客人先伸手，以表示感谢，并请主人留步。

②在人际交往中无论谁先向我们伸手，即使他忽视了握手礼的先后顺序而已经伸出了手，都应看作是友好、问候的表示，应马上伸手相握，拒绝他人的握手是很不礼貌的。

（三）握手的方式

（1）两人正面相对站立，相距1米左右，上身稍前倾，伸出右手，四指并拢，拇指张开，两人的手掌与地面垂直相握，上下轻摇，一般 3 秒为宜，亲朋好友之间可双手握。挚交或长辈对晚辈之间，可右手握手，左手握住对方手臂或放在右肩。

（2）神态及问候。

与他人握手时，神态应当专注、热情、友好、自然。握手时双方一定要凝视对方，微笑致意，不可目光他顾、心不在焉，并且伴有口头问候，如："您好！很高兴认识您"等（见图 4-6-1）。

图 4-6-1　握手礼

（3）手的位置。

在握手时，手的位置至关重要。具体而言，有两种不同的形式。

① 单手相握。以右手单手与人相握，是最常见的握手方式。手掌垂直于地面最为适当，它常被称为"平等式握手"，表示自己不卑不亢。

与人握手时掌心向下，则表示自己感觉甚佳，自高自大，这一方式称作"控制式握手"。与人握手时掌心向上，表示自己谦恭、谨慎，这一方式称作"友善式握手"。

② 双手相握，亦称"手套式握手"，即用右手握住对方右手后，再以左手相握住对方右手的手背。这种方式适用于亲朋故友之间，可用以表达自己的深厚情谊。一般而言，此种方式的握手不适宜用于初识者与异性，因为它有可能被理解为讨好或失态。

（4）力度和时间。

握手时为了向交际对象表示热情友好，应当力度适中，不能用力太大，使对方有疼痛的感觉，与亲朋故友握手时，所用的力可以稍微大一些；注意握手时也不可轻触即放开手，会有轻视他人的感觉。

与他人握手的时间不宜过短或过长，一般应控制在 3 秒，可上下晃动两三下。否则会传递错误的信息。

（5）男女握手时。

男士应握女士手指部分，一般不握全掌，但在严肃场合也可以握全掌。女士如不打算与别人握手，应与他人点头、语言致意，而不应不理不睬。

 知识拓展

握手的禁忌

在人际交往中，行握手礼时应努力做到合乎规范，并且避免违反下述握手禁忌，否则不但起不到良好开端的作用，可能还会导致别人的误解、猜疑和反感，从而不利于交往的顺利进行。握手的禁忌主要有如下一些：

（1）握手时不能用左手，用左手握手是失礼行为。

（2）多人相见时，注意不要交叉握手，即当两人正在握手时，第三者不要把胳膊从上面架过去急着和另外的人握手。

（3）不能戴着手套与人握手，否则将是十分失礼的表现，如因故来不及脱下手套就握手，则必须向对方说明原因并表示歉意。但是依据西方传统，地位高的人和女士有戴着手套与人握手的权利。

（4）握手时眼睛要注视对方，千万不要心不在焉、东张西望，这样会使对方产生不被尊重的感觉。

（5）切忌时间过长，特别是男士与女士握手，停留时间的长短是应注意的问题。

（6）当别人已伸出手来，切忌慢条斯理或迟迟不伸出手，令对方尴尬，尤其是女士不要软绵绵地把手递过去，表现出一副冷冰冰的样子。

（7）同性握手时如果仅仅握住对方的手指尖，好像有意与对方保持距离，正确的做法是要握住整个手掌，但是注意异性握手时，男士应握住女士手指部位。

（8）在与他人握手之后，不能立即揩拭自己的手掌，这等于暗示你嫌弃对方手脏，与对方握一下手就会使自己受到"污染"似的。

三、鞠躬礼

鞠躬礼是人们在生活中用来表示对别人的恭敬而普遍使用的一种礼节，它既适用于庄严肃穆或喜庆欢乐的仪式，又适用于一般的社交场合。

（一）标准鞠躬礼

鞠躬时，正面面对对方，脱帽立正，双目注视受礼者，以腰为轴，身体向前倾斜，背部挺直，自然弯腰，视线也随鞠躬自然下垂。男子双手置于身体两侧裤线处；女士右手搭在左手上，放在小腹前。动作不宜太快，并伴随问候语或告别语，如"欢迎光临""再见"等。鞠躬时身体下倾幅度越大，表示越敬重对方。一般社交场合，身体前倾15°～45°（见图4-6-2），特别场合身体前倾45°～90°。

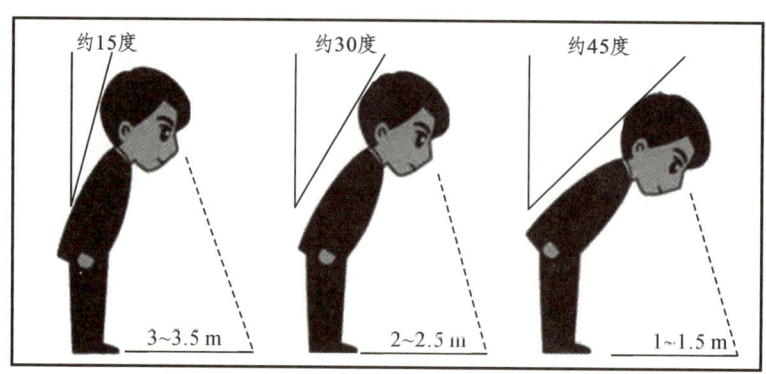

图 4-6-2 鞠躬幅度

（二）鞠躬的顺序

一般用于下级向上级、晚辈向长辈、主人向客人、服务人员向宾客表达欢迎、敬重时使用，也可用于表演者、演讲者、领奖者对听众、观众表示尊敬和感谢以及道歉时使用。回礼时可以鞠躬，并说"谢谢"，也可根据身份的差异而点头或者目视对方微笑。

（三）鞠躬礼的注意事项

1. 场合

鞠躬礼一般用于迎宾送客时，演员谢幕时，演讲、发言、领奖馈赠、婚礼、谢宴、谢罪时，悼念、追悔、辞别时。

2. 禁忌

忌视线不随鞠躬自然下垂，而是一直注视受礼者。

四、敬礼

敬礼时，敬礼者目光要注视受礼者，右手迅速抬起，手心向下，略偏外约 20°，右大臂平直，与肩膀成一线，五指并拢，自然伸直，中指距额头 2 厘米（见图 4-6-4）。

图 4-6-3 敬礼

在值乘时采用敬礼的情况有：

（1）车门口遇领导检查工作时，采用立正姿势后，再面向领导敬礼，敬礼时动作有力，面带微笑，礼毕还原。

（2）列车始发后或终到前的进出站时，应立正敬礼。

（3）列车长向领导汇报工作时应立正敬礼。

 知识拓展

其他见面礼节

1. 亲吻礼

亲吻礼是欧美国家的传统礼节，如美国、法国、比利时等国。亲吻礼与一定程度的拥抱礼相结合，常用于表达尊敬和友好。行亲吻礼时，根据双方之间的关系的不同，亲吻的部位和方式也有所不同。如长辈吻晚辈的额头；同性互吻面颊；异性之间只是贴一下面颊，象征性地亲吻；对地位较高的女士，人们向她行吻手礼。

2. 拥抱礼

拥抱礼流行于欧洲的大多数国家及阿拉伯地区，是常用于官方或民间在隆重场合施行迎送或表示祝贺、感谢的一种礼节。行拥抱礼时，两人相对而立，张开双臂，右手搭肩，左手搂腰，面颊轻贴，先贴右面颊，再贴左面颊，再贴右面颊，一共相互拥抱贴面颊3次才算礼毕。

3. 合十礼

合十礼，流行于南亚与东南亚国家，如泰国、老挝、柬埔寨等国。在国际交往中，当对方用合十礼行礼时，我们也应以合十礼还礼。在行合十礼时，人们相对而立，把两个手掌放在胸前对合，手掌尖和鼻尖基本在一条线上，头略低，身体前倾约30°，面含微笑，口颂祝词或问候对方。一般来说，双手举得越高，越体现出对他人的尊重，但原则上不可高于额头。

4. 拱手礼

拱手礼是我国特有的礼节。因行拱手礼时，没有尊卑之分，而且比其他礼节自然、随意、轻松，故适用于很多场合。如：团拜、开会、庆典、贺喜、熟人相见，武术界都行此礼，表示欢迎、尊敬、答谢之意。行拱手礼节时，起身站立，上身挺直，两臂上抬，男子左手包右手，女子右手包左手，相抱的手最低抬到胸前，最高齐眉，自里上而外下，有节奏地晃动两三下。

5. 磕头礼

在古时的中国多用磕头礼，最初是赔罪的意思，或是表示一种敬意。现在一般是在寺庙和道观中使用；逢年过节时，家中的小辈向长辈拜年、请安时也有行磕头礼的。行礼时，俯身跪下，两手扶地，以头着地。

6. 脱帽礼

在升国旗、奏国歌等庄重场合或进入主人房间等情况下，必须脱帽，以示敬意。具体做法是：男子摘下帽子向对方点头致意即可。戴礼帽的女士在社交场合可以不脱帽。

任务训练

规范高铁乘务员礼仪姿态之行礼实训练习内容及评价标

实训内容	操作方法	基本要求
1. 模拟设计场景进行致意的训练	1. 场景设定。 2. 两两组合，进行致意展示	1. 教师须先示范。 2. 分小组进行实操练习，并指导学生注意事项。 3. 每位同学进行致意礼、握手礼、鞠躬礼和敬礼的展示后，需要互相点评行礼是否得体、到位、符合标准
2. 模拟设计场景进行握手的训练	1. 场景设定。 2. 两两组合，进行握手展示	
3. 模拟设计场景进行鞠躬的训练	1. 场景设定。 2. 两两组合，进行鞠躬展示	
4. 模拟设计场景进行敬礼的训练	1. 场景设定。 2. 两两组合，进行敬礼展示	

项目 5 公务接待礼仪

公务接待礼仪是根据礼仪适用对象而产生的一个礼仪分支，指的是公务活动中应当遵循的礼仪规则。公务礼仪不仅能体现出一个组织的内在和外在形象，也是高铁服务人员业务能力的亮点，是个人综合素质的体现。

见面礼节动画扫码观看

任务 1　见面礼节

随着生活节奏的加快，见面礼节逐渐成为人们日常使用频率最高的交往方式。见面礼节作为最基础的社交礼仪，能在社交过程中给对方留下良好的第一印象，从而更好地去建立人际关系。

 案例导入

陈峰在大学期间学习认真刻苦，成绩非常优秀，每年都能拿到学校的一等奖学金，为此，同学们给他起了个绰号"超人"。大学毕业后，陈峰获得了到国外攻读硕士学位的机会，毕业后又顺利地进入了外企工作。一晃十年过去了，陈峰已成为公司的部门经理。

国庆节期间，陈峰带着妻子女儿回国探亲。一天，在大剧院观看音乐剧，刚一落座，就看到有三个人向他们径直走来。其中一个边走边伸出手大声地说："嘿！这不是超人吗？你什么时候回来了？"这时，陈峰认出说话的人正是他的高中同学贾平。贾平早年间到南方去做生意，赚了些钱，如今回到老家注册了一家公司当起了老板。今天正好陪着两位从外地来的生意伙伴一起来看音乐剧。

此时，陈峰和贾平既高兴又激动。在一顿大声寒暄之后，贾平才想起了陈峰身边还站着一位女士，目光便朝向陈峰身边的女士，陈峰才想起向贾平介绍自己的妻子。待陈峰介绍完毕，贾平高兴地走上前去，给了陈峰妻子一个拥抱礼。这时贾平也想起了该向老同学介绍一下在他身后等待多时的生意伙伴。大家相互握手、交换名片，简单的交谈之后便各自回到座位上观看音乐剧。

 案例分析

案例中哪些行为是不符合见面礼节的？

一、称呼

称呼，通常指的是人们在日常交往应酬中，所采用的彼此之间的称谓语。

根据社交礼仪，选择正确、适当的称呼，有三点应当注意：其一，要合乎常规。其二，要照顾习惯。其三，要入乡随俗。与此同时，还应对生活中的称呼、工作中的称呼及外交中的称呼等熟练掌握，区别对待。

（一）生活中的称呼

在日常生活中，称呼应当亲切、自然、准确、合理，切不可肆意为之、大而化之。

1. 对熟人、朋友的称呼

对朋友、熟人的称呼，既要亲切、友好，又要不失敬意。

（1）敬称。

对长辈、平辈，应称其为"您"。对晚辈则可称为"你"。以"您"称呼他人，通常是为了表示自己的恭敬之意。

（2）姓名类称呼。

平辈之间，均可彼此以姓名相称。如："李静""朱小迪"。长辈对晚辈也可以这样称呼，但晚辈对长辈不可直呼其名。

为了表示亲切，可以在被称呼者的姓前加上"老""大"或"小"字相称，而免称其名。如：对年长于己者，可称"老刘""大陈"；对年幼于己者，可称"小李""小王"。

对朋友，若关系亲密，可不称其姓，直呼其名，如"星妍"。

（3）亲密性称呼。

对亲戚，应按我国传统习惯来称呼（见图5-1-1）。对邻居、至交，有时可采用"大爷""大娘""阿姨"等类似血缘关系的称呼。这种称呼会令对方感受到信任、亲切。

在这类称呼前，也可以加上姓氏。如："许大哥""张大妈"等。

2. 对普通人的称呼

对一面之交、关系普通的交往对象，可酌情采取下列称呼：

第一，以"同志"相称。

第二，以"先生""女士""夫人"等相称。

第三，以其职务、职称相称。

第四，入乡随俗，以对方所能理解并接受的称呼相称。

（二）工作中的称呼

在工作岗位上，人们彼此之间的称呼是有其特殊性的。总的要求是：庄重、正式、规范。

1. 职务性称呼

在工作中，以交往对象的职务相称，以示身份有别、敬意有加，是一种最常见的称呼方法。具体分为以下三种情况：

关系	称呼对象	称呼（称谓）
家庭关系	丈夫	丈夫
	妻子	妻子
	子女	（长、次、三）子、女或养子、女，继子女
三代以内旁系血亲关系	父亲的哥哥	伯父
	父亲的弟弟	叔父
	父亲的姐、妹	姑母
	母亲的兄、弟	舅父
	母亲的姐、妹	姨母
	父母的其他子女	兄、弟、姐姐、妹妹
	伯、叔父的子女	堂兄、堂弟、堂姐、堂妹
	姑母、舅父、姨母的子女	表兄、表弟、表姐、表妹
	兄、弟的子女	侄儿、侄女
	姐姐、妹妹的子女	甥、甥女
三代以内直系血亲关系	父亲的父母	祖父、祖母
	母亲的父母	外祖父、外祖母
	生（养、继）父母	父亲、母亲
	儿子的子女	孙子、孙女
	女儿的子女	外孙子、外孙女
近姻亲关系	妻子的父母	岳父、岳母
	妻子的兄、弟、姐、妹	大舅哥、小舅弟、大姨姐、小姨妹
	妻子的兄弟姐妹的配偶	大舅嫂、小舅妇、大姨夫、小姨夫
	丈夫的父母	公公、婆婆
	丈夫的兄、弟、姐、妹	大伯哥、小叔弟、大姑姐、小姑妹
	子女的配偶	媳、婿
	子女配偶的父母	亲家翁、亲家母
	伯父的配偶	伯母
	叔父的配偶	婶母
	姑母的配偶	姑父
	舅舅的配偶	舅母
	姨母的配偶	姨丈
	堂、表兄的配偶	（堂、表）嫂
	堂、表弟的配偶	（堂、表）弟妇
	堂表姐的配偶	（堂、表）姐丈
	堂、表妹的配偶	（堂、表）妹丈
	侄儿、侄女的配偶	侄媳、侄婿
	甥、甥女的配偶	甥媳、甥婿

图 5-1-1　对亲戚的称呼

第一，仅称职务。如："部长""经理""科长"等。

第二，在职务之前加上姓氏。如："李总理"、"张局长"等。

第三，在职务之前加上姓名，这仅适用于极其正式的场合。如："张涛董事长""李明总经理"等。

2. 职称性称呼

对于具有技术职称者，可在工作中直接以其职称相称。有下列三种情况较为常见：

第一，仅称职称。如："教授""律师"等。

第二，职称前加上姓氏。如："王研究员"。有时这种称呼也可以加以约定俗成地简化，如：可将"吴工程师"简称为"吴工"。但使用简称时应以不发生误会、歧义为限。

第三，职称前加上姓名。适用于十分正式的场合。如："王宁教授""杜华主任医师"等。

3. 学衔性称呼

在工作中，以学衔作为称呼，可增加被称呼者的权威性，有助于增强现场的学术气氛。

以下四种情况该称呼使用得最多：

第一，仅称学衔。如："博士"。

第二，在学衔前加上姓氏。如："杨博士"。

第三，在学衔前加上姓名。如："李泉博士"。

第四，将学衔具体化，说明其所属学科，并在其后加上姓名。如："史学博士刘鑫""法学学士杜林"等。此种称呼最为正式。

4. 行业性称呼

在工作中，有时可按行业进行称呼，具体分为以下两种情况：

（1）称呼职业。

称呼职业，即直接以被称呼者的职业作为称呼。如：将教师称为"老师"。一般情况下，在此类称呼前，均可加上姓氏或姓名。

（2）称呼"女士""先生"。

对于商界、服务业从业人员，一般约定俗成地按性别的不同分别称呼其为"女士""先生"。一般情况下，在此类称呼前，均可加上姓氏或姓名。

（三）外交中的称呼

在涉外交往中，称呼的问题因为国情、民族、宗教、文化背景的不同，而呈现出千差万别、十分复杂的情况，值得我们认真进行研究。

在对外交往中，对待称呼问题，有两点要切记：其一，要掌握一般性规律，即国际上通行的做法；其二，要注意国别差异，并加以区分对待。

在对外交往中，称呼方面的普遍性规律有：

第一，对任何成年人，均可将男子称为"先生"，将女子称为"女士"。

第二，对军界人士，可以其军衔相称。

称军衔不称职务，是国外对军界人士称呼最通用的做法。

第三，对宗教界人士，一般可称呼其神职。

第四，对君主制国家的王公贵族，称呼上应尊重对方传统习惯。

对国王、皇后，通常称为"陛下"。对王子、公主、亲王等，应称为"殿下"。对有封号、爵位的，则应以其封号、爵位相称，如："爵士""公爵"等。

第五，对社会主义国家或兄弟党的人士，均可称为"同志"。

除此之外，对方若称我方为"同志"，我方即可对对方以"同志"相称。

二、问候

问候是见面时以语言向对方致意的一种方式。问候礼是服务员对乘客的一种接待礼节，以问候、祝贺语言为主。

（一）问候次序

（1）一个人问候另一个人，通常是"位低者先行"。应遵循：晚辈先向长辈问候，下级先向上级问候，男士先向女士问候，主人先向客人问候。

（2）一个人问候多人时，则按由"尊"而"卑"或由"近"而"远"的顺序问候。

（二）问候态度

（1）主动：主动向客人问候，主动向长辈问候，主动向上级问候，身份背景与女士等同的男士应主动向女士问候。但主动问候应以不打扰对方为原则，当问候对象正在打电话、交谈时，微笑致意即可。

（2）热情：语言清晰、响亮，面带微笑的问候才能得到对方的响应。

（3）自然：语言表情亲切自然。

（4）专注：眼睛注视对方，立定问候。

（三）问候内容

（1）直接式："您好！""早上好！""新年好！"等都是直接的问候。

（2）间接式：间接式问候是属于中国人的传统问候习惯，应在非正式场合使用，如"吃了吗？""去哪儿？"等都是中国式的问候。

三、介绍

介绍，就是人际交往中与他人进行沟通、增进了解、建立联系的一种最基本、最常规的方式。它是经过自己主动沟通或通过第三者从中沟通，从而使交往双方相互认识、建立联系的一种社交方法。

在社交场合，如能正确地利用介绍，不仅可扩大自己的交际圈，还有助于自己进行必要的自我展示、自我宣传，替自己在人际交往中消除误会、减少麻烦。

（一）自我介绍

自我介绍，就是在必要的社交场合，由自己担任介绍的主角，自己将自己介绍给其他人，以使对方认识自己。

根据社交礼仪的具体规范，进行自我介绍，应注意自我介绍的时机、自我介绍的内容、自我介绍的分寸等方面的要点。

1. 自我介绍的时机

应当何时进行自我介绍，具体涉及时间、地点、当事人、旁观者、现场气氛等多种因素。一般认为，以下三种情况有必要进行适当的自我介绍：一是本人希望结识他人；二是他人希望结识本人；三是本人认为有必要令他人了解或认识自己。例如：初次前往他人居所、办公室，进行登门拜访时；因业务需要，在公共场合进行业务推广时；应聘求职时等等。

2. 自我介绍的内容

确定自我介绍的具体内容时，应兼顾实际需要、所处场景，并应具有鲜明的针对性，切

不可"千人一面",一概而论。依照自我介绍时表述的内容不同,可分为下述五种具体形式:

(1) 应酬式。

应酬式的自我介绍,适用于某些公共场合和一般性的社交场合。应酬式的自我介绍内容最为简洁,往往只包括姓名一项即可。如:"您好,我叫张三""我是李四"。

(2) 工作式。

工作式的自我介绍,主要适用于工作之中。工作式的自我介绍以工作内容为中心,应当包括本人姓名、单位及其部门、担负的职务或从事的具体工作等内容。如:"您好!我叫张三,是省政府外事办的主任"。

(3) 交流式。

交流式自我介绍主要适用于社交活动,它是一种刻意寻求与交往对象进一步交流与沟通,希望对方认识自己、了解自己、与自己建立联系的自我介绍。交流式自我介绍的内容大体应当包括介绍者的姓名、工作、籍贯、学历、兴趣等。不一定非要面面俱到,应依照具体情况而定。如:"我叫张三,现在在天马公司当财务总监,我和您先生是高中同学"。

(4) 礼仪式。

礼仪式的自我介绍适用于讲座、报告、演出等一些正规而隆重的场合。是一种意在表示对交往对象友好、敬意的自我介绍。礼仪式的自我介绍的内容,除了包含姓名、单位、职务等,还应加入一些适宜的谦辞、敬语,以示自己礼待交往对象。如:"各位来宾,大家好!我叫张三,是云海公司的副总经理。现在,由我代表公司热烈欢迎大家光临我们的开业仪式,谢谢大家的支持"。

(5) 问答式。

一般适用于应试、应聘和公务交往。在普通的交际应酬场合也比较常见。问答式的自我介绍,讲究问什么答什么,有问必答。

3. 自我介绍的分寸

进行自我介绍时,应注意时间,讲究态度,力求真实。

> **小贴士**
>
> 虽说各种形式的自我介绍所用的时间长度不可笼统地等量齐观,但总的原则,还是应短小精悍。如无特殊情况,最好不要长于1分钟。

(二) 他人介绍

又称第三者介绍,指的是经第三者为彼此不相识的双方引荐、介绍的一种介绍方式。

他人的介绍,通常都是双向的。有时也可进行单向的他人介绍,即只将被介绍者中的某一方介绍给另一方。

1. 他人介绍的介绍者

在他人介绍中,对介绍者的确定是有一定要求的。通常,具有下列身份者,理应在他人介绍中充当介绍者:

（1）社交活动中的组织人或联络人。
（2）公务交往中的专职人员，如礼宾人员、文秘人员、接待人员等。
（3）正式活动中的地位、身份、辈分较高者，或主要负责人员。
（4）熟悉被介绍的双方者。
（5）在交际应酬中，被指定的介绍者。

决定为他人做介绍时，要审时度势，熟悉双方情况。在为他人做介绍之前，应先征求一下双方的意见，避免出现不恰当介绍。

2. 他人介绍的时机

遇到下述情况，通常应主动为他人介绍：
（1）为彼此不相识的来访者、同事、朋友、客人做介绍。
（2）受到为他人做介绍的邀请。

3. 他人介绍的顺序

在为他人做介绍时，先介绍谁后介绍谁，应根据规范，遵守"尊者优先了解情况"的原则。大致有如下几种情况：
（1）介绍年长者与年幼者认识时，应先介绍年幼者，后介绍年长者。
（2）介绍长辈与晚辈认识时，应先介绍晚辈，后介绍长辈。
（3）介绍老师与学生认识时，应先介绍学生，后介绍老师。
（4）介绍女士与男士认识时，应先介绍男士，后介绍女士。
（5）介绍已婚者与未婚者认识时，应先介绍未婚者，后介绍已婚者。
（6）介绍同事、朋友与家人认识时，应先介绍家人，后介绍同事、朋友。
（7）介绍来宾与主人认识时，应先介绍主人，后介绍来宾。
（8）介绍社交场合的先至者与后来者认识时，应先介绍后来者，后介绍先至者。
（9）介绍上级与下级认识时，先介绍下级，后介绍上级。

4. 他人介绍的内容

在为他人做介绍时，介绍者对介绍的内容应当字斟句酌。根据实际需要的不同，为他人做介绍时的内容也会有所不同。通常有以下几种形式可供借鉴：

（1）标准式。
适用于正式场合，具体内容以双方的姓名、单位、职务等为主。

（2）简介式。
适用于一般的社交场合，具体内容通常只有双方姓名一项，甚至可以只提到双方姓氏。

（3）强调式。
适用于各种交际场合，具体内容除被介绍者的姓名外，还会刻意强调一下其中某位被介绍者与介绍者之间的特殊关系，以便引起另一位被介绍者的重视。

（4）引见式。
适用于普通的社交场合，就是将被介绍者双方引导到一起，而不需要表达任何具有实质性的内容。

（5）推荐式。

适用于比较正式的场合，多是介绍者有备而来，有意要将某人举荐给某人，在内容方面，通常会对前者的优点加以重点介绍。

（6）礼仪式。

适用于正式场合，是一种最为正规的他人介绍。内容略同于标准式，但语气、表达、称呼上都更为礼貌、谦恭。

5. 他人介绍的手势

在正式场合，他人介绍的手势运用应规范、恰当。通常为他人介绍时应用右手，五指并拢，掌心正向上；介绍谁，手指就指向被介绍者胸腹部（见图 5-1-2）。

图 5-1-2　介绍礼

（三）集体介绍

指介绍者在为他人介绍时，被介绍者其中一方或者双方不止一人，甚至有许多人的情况。集体介绍大体可分为两种：其一，为一人和多人做介绍；其二，为多人和多人做介绍。

1. 集体介绍的顺序

应比照他人介绍的顺序进行。应强调的是：越是正式、大型的交际活动，对集体介绍的顺序就越不可马虎。可酌情参考下述顺序。

（1）少数服从多数。

当被介绍者双方地位、身份大致相似，或者难以确定时，应先介绍人数较少的一方或个人，后介绍人数较多的一方。

（2）强调地位与身份。

若被介绍者双方地位、身份之间存在明显差异，则地位、身份为尊的一方即使人数较少，仍应被置于尊贵的位置，先介绍另一方人员。

（3）单向介绍。

在演讲、报告、比赛时，往往只需要将主角介绍给广大参加者。

（4）人数较多一方的介绍。

非正式介绍可采取笼统的方法进行介绍，如："他们都是我的同事"等。但正式介绍还是要按他人介绍的顺序一一介绍。

（5）人数较多双方的介绍。

依照礼规，先介绍位卑者的一方，后介绍位尊者一方。在介绍各方人员时，均须由尊而卑，依次进行。

2. 集体介绍的内容

与他人介绍的内容基本相同，但更简明扼要。

>  **小贴士**
>
> 介绍禁忌
>
> （1）不要使用易生歧义的简称，如将范局长简称为"范局"。
> （2）不要开玩笑、捉弄人。
> （3）不要厚此薄彼。

四、名片

名片，是当代社会私人交往和公务交往中一种最为经济实用的介绍性媒介。由于它印制规范、文字简洁、使用方便、易于保存，颇受社会各界的欢迎。

（一）名片的分类

因其具体内容、用途各有不同，日常生活中所用的名片可分为应酬名片、社交名片、公务名片、单位名片等。前三种一般又统称为个人名片。

1. 应酬式名片

主要适用在社交场合介绍自己、拜会他人时说明身份，馈赠时替代礼单使用。

2. 社交式名片

特指适用于社交场合，用以进行自我介绍以保持联络之用的个人名片。内容主要包括：第一，个人姓名，应以大号字体印于名片中央；第二，联络方式，应以略小字体印于名片下方。

3. 公务式名片

通常指在政务、商务、学术等正式的业务交往中所使用的个人名片，是目前最为常见的一种个人名片。

一枚标准的公务式名片，应由单位、本人称呼、联络方式三项具体内容所构成（见图5-1-3）。

4. 单位式名片

因其多为公司企业所用，故又称为企业名片。主要用于单位对外宣传、推广活动。主要包括以下两项内容：第一，单位的全称及其标志；第二，单位的联络方式。

图 5-1-3　名片

（二）名片的用途

在人际交往中，名片的用途有如下几种：
（1）自我介绍。
（2）结交朋友。
（3）维持联系。
（4）业务介绍。
（5）拜会他人。
（6）替人介绍。

（三）名片的交换

1. 交换名片的时机

遇到以下情况，需将自己的名片递交他人，或与对方交换名片。
（1）希望认识对方。
（2）表示自己重视对方。
（3）被介绍给对方。
（4）对方提议交换名片。
（5）对方向自己索要名片。
（6）初次登门拜访对方。
（7）打算获得对方名片。

2. 交换名片的方法

（1）递上自己的名片。

递名片给他人时，应郑重其事。起身站立，使用双手将名片正面面对对方（见图 5-1-4）。将名片递给他人时，口头应首先有所表示，可以说"请多指教""多多关照"等，或是先做一下自我介绍。

图 5-1-4　递名片

> **知识拓展**
>
> 与多人交换名片，应讲究先后次序，或由近而远，或由尊而卑，一定要依次进行。切勿挑三拣四，采用"跳跃式"。也不能滥发自己名片。

（2）接受他人的名片。

当他人表示要递名片给自己或交换名片时，应立即停止手中所做的事情，起身站立，面含微笑，目视对方。接受名片时，应双手捧接，切勿用左手去接。

"接过名片，首先要看"，这一点至为重要，此举意在表示重视对方（见图 5-1-5）。

图 5-1-5　查看名片

若需当场将自己名片递过去，最好在收好对方名片后再做。尽量避免左右开弓，同时进行。

小贴士

如何索取他人的名片

若没有必要,最好不要强行索要他人名片。若确实需要,可采用以下几种方法:
(1)向对方口头上提议交换名片。
(2)主动递上本人名片,"将欲取之,必先予之"。
(3)询问对方:"今后如何向您请教?"(适用于向尊长索取名片)。
(4)询问对方:"以后怎样与您联系?"(适用于向平辈或晚辈索要名片)。

(四)名片的存放

在参加交际应酬之前,要提前准备好名片,并进行必要的检查,不要在使用时再去乱翻乱找。

接过他人名片看过之后,应将其精心放入自己的名片包、名片夹或上衣口袋内,切勿到处乱丢。

任务 2　会议服务礼仪

会议服务礼仪是会服人员为会场提供服务的必备素质和基本条件。会服工作人员虽只承担了一些具体的服务工作,但却是保障会议顺利进行不可缺少的重要环节。

在不同的会议中,会议服务礼仪有着不同的形式。会议的类型多种多样,不同的会议类型,会服人员所进行的服务也是千差万别。

会议服务礼仪动画扫码观看

 案例导入

金×化工股份有限公司是一家化工原料制造企业,公司计划于近期召开董事会讨论从国外引进生产设备的事宜。秘书晓慧负责为参会董事准备会议所需文件资料。因有多家国外公司竞标,材料繁杂。由于时间仓促,晓慧给每位参会董事准备了一个文件夹,并将所有材料放入文件夹内。有三位董事在会前回复说有其他工作安排不能参加会议,于是晓慧并未准备他们的资料。不想,正式开会时其中的二位又赶了回来,结果会上有的董事因没有资料可看而无法发表意见,有的董事则是面对一大摞资料不知从何看起,会议议程因此无法推进下去。

 案例分析

作为一名会服人员,应当如何避免此类事件的发生?

一、会前的服务礼仪

会前准备工作是否到位，直接影响着会议能否顺利进行。因此，会前准备工作至关重要。

会前准备一般包括会务安排、人员协调、材料准备、会场布置、会场服务等内容。准备到位并不意味着越复杂花哨越好，要充分考虑必要性和节约性的结合。

（一）个人准备

1. 仪表准备

（1）统一着装：会议服务人员整齐统一的服装会增加会议的庄重感和服务的专业性。

（2）仪容整洁：头发干净，发型庄重，男士面容干净，女士化淡妆。

（3）仪态端庄：服务中应轻手轻脚，举止大方，坐有坐相，站有站相。

2. 语言准备

（1）对服务对象说话时要温和亲切，彬彬有礼，音量适宜。

（2）有宾客咨询问题时，一定要全神贯注，认真、耐心地回答，对客人提出的要求，给予合理的解释和解决，不能漫不经心，粗言粗语，大声喧哗。

3. 态度准备

（1）微笑服务，态度诚恳，服务热情周到，用微笑让宾客感到舒心。

（2）想服务对象之所想，急服务对象之所急，尽服务对象之所需。

（3）对于工作中的错误应当及时纠正，并诚恳向宾客赔礼道歉。

> **小贴士**
>
> 在会议服务中，应尽量避免出现打哈欠、挠痒等各类不雅举止，不做与工作无关的事情，更不能影响会议的正常进行，严格遵守职业道德。

（二）集体准备

1. 领取任务

会议服务人员根据主办方要求，了解会议基本情况，领取相关任务后，各司其职。

2. 准备工作

（1）了解会议的基本情况。

会服人员需了解清楚参会人数、会议名称、会议性质、会议议程、会议休息时间、会议活动范围、准备内容、注意事项等。联系相关部门做好协调工作。

（2）根据会议的人数、性质、类型，结合会议室的情况合理安排会场布局，尽量做到会议室布置比例协调、适用、美观（见图 5-2-1、5-2-2）。

图 5-2-1　会场布置

图 5-2-2　会议准备

> **知识拓展**
>
> 参加会议人员次序的排列
>
> 　　为方便来宾对号入座，服务人员应提前排座次，摆名签。无外单位的会议的席位安排，应根据中国传统的习惯"面门为尊，中为尊，左为尊"。有外单位参加的会议，席位按国际惯例，以客为尊、右为尊安排。对出席会议的团体及人士的位次，常用的礼宾次序的排列方法有以下三种：
>
> 　　（1）按身份与职务高低安排：一方代表团，按其成员的职位高低安排；多方代表团，按团长身份职位高低安排。
>
> 　　（2）按字母顺序安排：在国际会议中，常采用按参加国国名起首字母顺序安排，一般以英文字母排列居多。东道国一般排在最后。
>
> 　　（3）按时间先后顺序安排。

　　（3）会议室的摆台及其检查。

　　会议用品需按规定摆放，一般留出10%备用，并确定物品清洁完好（见图5-2-3）。

图 5-2-3　会议用品摆放

（4）及时做好会场卫生。

整理和打扫桌面、抽屉、座椅、地面、门窗，检查投影仪、条幅等服务用品。

（5）会议服务人员应提前 1 小时进入会场，检查会场整体效果，确保各项准备工作到位，做好引导工作。

二、会议期间的服务礼仪

会议开始后，要专心致志地投入到会议服务工作中去，以完美的服务保障会议的正常进行。会议中的每一个细节都会影响到整体的服务水平。因此，会议期间的各个环节一定要认真、踏实地做好相关工作。

（一）引领服务

当宾客来到会议地点，服务人员要及时做好引领服务。

1. 微笑询问

如有宾客到场，立刻问候："先生/女士您好！"然后行鞠躬礼，起身后微笑询问："请问您是参加××会议吗？"

2. 热诚引领

在宾客说明要参加的会议后，服务人员应右手呈恭请状，微笑着告诉宾客，"请跟我来。"引领宾客到指定会议区域。若有尊贵嘉宾，应由特定服务人员引领到指定位置。

（二）常规服务

常规服务就是会议中最基础、最常见、最普通的服务，包括以下几个方面的内容。

1. 添茶倒水服务

对已入座的宾客，应根据宾客需要及时倒上茶水。上茶水时一般遵循"由尊至卑"的原则，从宾客的右后侧依次添加。带杯盖的瓷茶杯通常是小指与无名指夹起杯盖，其余三指握住杯耳（见图 5-2-4），茶水一般控制在八分满，也就是水杯容积的 4/5。一般情况下每 20 分钟添加一次，特殊情况下可根据会议情况进行调整，图 5-2-5 为有通道的会场，服务员应沿通道由内向外顺序续水。

图 5-2-4 握茶杯示意

图 5-2-5　续水示意图

2. 会议现场巡视等候服务

会议开始后，服务人员要站在会议厅的后面或侧面，精神集中，每 15 分钟巡视一次，查看参会人员有无服务需求，时刻准备为参会人员提供服务。

3. 会场秩序维持服务

会议期间，禁止非会议人员进入会场，若有人员要求进入，应询问其身份并于核实无误后再带其进入会场。

按照会议主办方要求做好保密工作，保证会议内容的安全。

4. 委托代办服务

会议期间可能会出现宾客要求代办的其他事项。为方便宾客，可帮助其完成规章范围内的服务，如打印文件、传送物品等。

5. 会中茶歇服务

（1）提供饮品服务。

一般中大型会议进行中可能会有短暂的休息时间，根据主办方要求，会服人员要提前了解休息的时间，提前 10 分钟左右为宾客准备好相关的饮品等。

（2）会场卫生清洁服务。

在会场休息时，会服人员要根据会议情况，为主席台更换茶水、茶杯、纸巾等。此外还要做好卫生清洁工作，随时保持会场干净、整洁。

（3）会中音乐服务。

会议休息时，会服人员要将会场出入门打开，根据会议要求播放轻柔、舒缓的音乐，音量适中。在会议开始前一分钟关闭音乐，待参会人员进入会议室后将门关闭。

6. 会议尾声服务

（1）接待、合影服务。

当会议临近尾声时，会服人员要及时通知相关部门做好会后接待工作。若需要合影留念，会服人员应根据参会人员次序为宾客安排好位次，协助其完成合影。

（2）道别服务。

道别时，会服人员在会议室门口微笑站立，右手指引出会场方向，向宾客语言道别或鞠躬道别。

三、会后服务礼仪

一次完整的会议，会后的服务工作必不可少。

（一）会后检查

1. 检查宾客有无遗漏物品

会议结束后，会服人员要及时检查会场，发现有遗漏物品应及时报告，并尽快返还给宾客。

2. 检查会议室的设施设备是否完好

检查音响设备、桌椅等是否能够正常使用，会后检查既可以保证能及时查漏补缺，随时更新，还可以避免在下一次会议中因出现同样的问题而造成突发事故。

（二）会后清洁

1. 茶具清理

将已经用过的茶具统一清洗消毒，对未使用的物品进行整理并分类码放整齐，以备下次使用。

2. 桌椅、地面等的清理

将废弃物品收到垃圾箱内，对可继续利用的物品回收利用；将桌椅归类摆放整齐。地面需清洁干净。

3. 会后重新摆台

会场桌椅重新归置摆放，方便下次会议的准备工作。

（三）会后安全

1. 检查会议室的安全

检查会议室是否存在安全隐患，是否有漏电现象，机器是否完全关闭，电源是否都已断开，灭火设备有无启用。

2. 关闭灯光，撤出锁门

所有检查工作完成后，关闭会议室内所有灯光，锁好会议室门后再离开。

任务 3　通信礼仪

随着信息技术的不断发展和互联网应用的普及，通信工具在人类的生产、生活中扮演着越来越重要的角色，已成为人们在人际交往中使用的一种高效便捷的基本工具。通信工具本质上是一种无形的联系，是不同的用户进行信息共享、通信与交流的渠道。任何人在使用通信工具时都必须遵守一定的基本规则。这些基本规则，就是通信礼仪。

通信礼仪动画扫码观看

 案例导入

邱女士在北京音乐厅听一场由著名大师指挥的交响乐。音乐演奏到高潮处，全场鸦雀无声，凝神谛听。突然一阵手机铃声响起，在宁静的大厅中显得格外刺耳。演奏者、观众的情绪都被打断了。大家纷纷用眼神责备这位不知礼仪的人。

 案例分析

使用手机时，绝对不允许在有意、无意之间破坏公共秩序。

一、网络沟通礼仪

随着科学技术的突飞猛进，全世界掀起了网络革命的浪潮，目前网络已经走进千家万户，它给人们带来了快捷和便利。网络能使各用户之间通过电子邮件、数据库和其他共享方式进行更好的通信与交流工作。

人们不论是在工作还是在生活中使用网络，都要遵守网络沟通礼仪。这里除了大家应当普遍遵守的基本规则外，还包括一系列具体的要求。

（一）基本规则

1. 公私分明

在因公使用网络时必须明确自己的上网目的，做到公私分明，不可利用工作之便为个人私利服务。

2. 确保安全

有一些人因工作的需要而掌握着一些国家秘密或商业机密，在使用网络这种极易广泛、迅速传递消息的交际工具时，必须谨慎言行，切不可掉以轻心、泄露机密。沟通时，遇到对方询问涉及隐私和秘密的情况，如果不想告诉对方，要会"婉言谢绝"。做到既不伤害对方，又能保守秘密。

知识拓展

国家秘密是指关系国家的安全和利益，依照法定程序确定，在一定时间内只限一定范围的人员知悉的事项。

保守国家秘密是中国公民的基本义务之一。《中华人民共和国保守国家秘密法》对有关的问题作了规定。国家秘密的密级分为"绝密""机密""秘密"。

"绝密"是最重要的国家秘密，泄露会使国家的安全和利益遭受特别严重的损害。

"机密"是重要的国家秘密，泄露会使国家的安全和利益遭受严重损害。

"秘密"是一般的国家秘密，泄露会使国家的安全和利益遭受损害。

（二）具体要求

除上述与其身份相适应的基本规则外，人们在使用网络时还必须对一系列具体要求予以充分认识并严格遵守。

在中国，微信、QQ及收发电子邮件是人们利用网络办公最常见的方式。在利用网络办公时应注意以下几点。

1. 撰写与发送

撰写时，语言要简洁明了，用语要礼貌规范。撰写完毕要检查是否有拼写错误及表述错误。不可随便发送无聊、无用的闲言碎语。

2. 接收与回复

凡收到公务信息，应立刻回复，以确保信息的及时交流和工作的顺利开展。若涉及较难处理的问题，可先发已收到，再根据工作进程予以具体回复。若无法及时回复，延时回复时需向对方说明缘由。

（三）注意事项

1. 尊重对方隐私

网络社交一般不要追问对方隐私的问题，如对方的姓名、工作单位、家庭住址、职务级别、经济状况等，尤其不要打探女性的年龄、身高、体重、婚姻等信息。如果有必要知道对方的情况，应该首先把自己的情况告知对方。

 小贴士

在沟通中，忌用侮辱、谩骂、恶毒、肮脏、下流的不文明语言。使用"您好""大家好""很高兴认识您""对不起，我打错字了""抱歉！我有点儿事，要离开一会儿""再见"等文明用语。

2. 慎用表情图片

恰到好处地使用表情、图片等可以使聊天图文并茂、情景交融、妙趣横生。尤其在使用自制的图片时更能体现个性、提高品位。

但是，在使用表情图片时一定要注意加以选择，要适合话题、适合情景、适合气氛，多使用祝福的表情图片；忌用带有侮辱性、低级下流的表情图片。表意不明、容易造成误解的表情图片也尽量不要使用。

 小贴士

公务活动中网络沟通禁忌

①"嗯"和"OK 手势"图片：在职场中"嗯"字和"OK 手势"的图标是不恰当的，因为惜字如金的背后是打字的人认为根本不值得自己去浪费唇舌说更多的文字，职场上随意使用显得很没分寸甚至有些自大。

②"额"和"……"：这些语句对白是很多年轻人在生活中常用的一种幽默互动方式，"额"字其实和感叹词"哎呀"很近似，而工作中不应该这样打趣坑笑浪费时间；另一方面会让人觉得这是一种沟通能力的缺失。"……"是不想多说或无法解释的意思，在职场中出现省略号，会让工作对象觉得你的态度有问题，你既幼稚也缺乏常态的交际能力。

③"在吗？"：一句"在吗？"，换来的往往是无声的沉默，或许在当事人心中是投石问路的一句话来确认对方是否在线，但看到该信息的人会很迷惑，尤其是有时间差时更无法得知对方有什么事情要找自己。

④一条消息能说明白的事，最好不要分成好几条。

⑤涉及国家、工作单位机密及重大、紧急的事情，别在聊天平台说，应打电话或者当面讲。

二、电话使用礼仪

在现代生活中，电话早已成了人们重要的、不可或缺的工具之一，甚至出门只带一部电话能搞定一切。正确地使用电话，并不是每一个会打电话的人都能做得到的。要想正确地使用电话，不只是要熟练地掌握使用电话的技巧，更重要的是要自觉维护自己的"电话形象"。

 案例导入

表 5-3-1　接听电话的两种不同态度比较

序号	生硬、粗鲁的电话接听	有礼貌的电话接听
1	喂！你找谁？	您好！顺通公司，请问有什么事吗？
2	你是谁？	怎么称呼您？
3	你再说一遍，我好确认	（复述一遍后）请问是否正确？

续表

序号	生硬、粗鲁的电话接听	有礼貌的电话接听
4	你找的人不在	抱歉！他现在不在，等他回来后我会转告他，请问您需要留下联系方式吗？
5	没有这个人	对不起，没有您说的这个名字，您还有其他信息可以提示我吗？我再查一下
6	不知道	抱歉，这个事我不是很清楚，需要帮您问问吗？

任务分析

请同学们看看你们采用的是哪一种电话接听方式？你采用的接听方式会给对方留下什么印象。

（一）电话使用的原则（4W 原则）

1. 什么时间——when

（1）通话时间。

按照惯例，通话的最佳时间有二：一是双方预先约定的时间；二是对方方便接听的时间。

知识拓展

除有要事，不要在休息时间打电话。如每日上午八点以前、晚上十点之后及午休时间、节假日等；在用餐时间打电话也是不合适的。

给海外人士打电话，首先要了解一下时差，不要不分昼夜地去骚扰他人。

打公务电话，应在工作时间内进行。尽量不要在他人的休息期间去麻烦对方。

（2）通话长度。

一般情况，每次通话的具体长度均应有所控制。其基本要求是：以短为佳，宁短勿长。在打电话时，应当自觉地、有意识地将每次通话的长度限定在 3 分钟之内，并尽量不要超过这个时间。

2. 什么对象——who

打电话前应确认通话对象，不同对象问候、说话方式不同。给上级领导打电话请示或汇报工作时，不要过于拘谨，谈吐自然得体，讲话开门见山、条理清晰；给下级打电话时，态度谦和、亲切、自然，不摆架子、不打官腔。

3. 什么地点——where

不同地点，电话礼仪也不同。

打电话应放低音量，尽量不影响他人办公和休息；若在办公室用公用座机，应长话短说。飞机起飞后一定要关闭手机。开会时、看电影时，或是在加油站、医院重症病房都不应该使用电话。

4. 什么内容——what

每次通话前，应做好充分准备，要务实不务虚，重要事情应写好提纲以免遗忘。电话内容应简明，节约时间。忌表达含混不清、语无伦次、短话长说、耽误时间。

 小贴士

作为发话人，应自觉控制通话的长度。通话结束后，主人、晚辈、下级、男士应礼貌等待，让客人、长辈、上级、女士先挂断电话。不能明确通话者尊卑时，通常由接听者先挂断电话。

（二）电话使用的礼仪

（1）问候"您好"之后自报家门，勿让对方猜自己是谁。

（2）确认通话对象，征询通话者是否方便接听电话。

（3）说话时音量适中，语速适当，语言流畅。

（4）私下与其他人交谈应先致歉，再捂住话筒。

（5）断线应马上重播并致歉。不要不了了之，或干等对方回拨电话。若拨错了电话号码，应表示歉意，不要一言不发或挂断了事。

（6）复述重要内容。记录他人电话，应包括通话者单位、姓名、通话时间、通话要点等重要内容。

（7）注意语言文明礼貌。

（8）保持愉快表情，不愉快的表情会有不愉快的声音（见图5-3-1）。

图 5-3-1　接听电话

（9）保持专注，勿边说边玩，更不能边吃东西边打电话。
（10）不要忘记最后的祝福和感谢。

（三）手机使用的礼仪

就目前而言，人们所使用的移动通信工具主要是移动电话，又称手机。使用主要涉及使用规则和放置位置这两个方面的内容。

1. 方便他人为先

使用手机，主要是为了方便个人联络和确保信息交流畅通无阻。因此，在人际交往中使用手机时，首先要正视其身份、用途，并令其"安分守己"。

不论自己所使用的手机有多么先进、多么昂贵，仅仅是为人所用的通信工具而已，绝非可以抬升个人身价的"道具"。

不论何时何地，都不要借此耀武扬威、自欺欺人。

2. 注意安全

使用手机时，必须牢记"安全至上"原则，切勿有章不循、有纪不守、马虎大意、随意犯规。那样不但害己，而且害人。使用手机时，特别要重视此点。

（1）不要在驾驶汽车时使用手机通话。
（2）不要在病房、油库等处使用手机。
（3）不要在飞机飞行期间使用手机。

3. 遵守公共秩序

使用手机时，绝对不允许在有意、无意之间破坏公共秩序。具体来说，此项要求主要是指：
（1）不允许在公共场合旁若无人地使用电话。
（2）不允许在要求"保持寂静"的公共场所高声使用手机通话。
如：音乐厅、电影等。必要时，应关机，或将手机调至静音状态。
（3）不允许上班期间长时间使用自己的手机打私人电话。
（4）不允许用手机偷拍、偷摄他人。

任务 4　馈赠礼仪

本任务课程思政教育案例扫码观看

馈赠礼仪动画扫码观看

馈赠是人们用物质传递的形式表达相互的祝贺、敬意、友谊、爱情、感谢、慰问等的内心感情的一种方式，是日常社交和正常工作活动中的一项重要内容。馈赠与借收礼物之机进行敲诈、勒索、贿赂有着本质区别。馈赠礼仪是指在礼品选择、赠送、接收过程中，人们应当遵循的惯例和规范。

案例导入

大唐贞观年间，天下太平，国力威震四海，万国来朝。在遥远的西域回纥汗国（回鹘汗国），回纥汗国国王为向唐王朝表示附属诚意，给太宗皇帝准备了一大堆贡品，其中有一只白大鹅，派使者缅伯高亲自护送其进京面圣。经过几千公里的跋涉，有一天，进京队伍到了如今的湖北仙桃沔阳湖边，缅伯高发现一身洁白的白天鹅羽毛都脏了，为了让白天鹅干干净净地面圣，他放出天鹅给其洗个澡。谁知，白天鹅突然展翅起飞，缅伯高着急一抓，却只在手里抓了几根天鹅毛。正当他愁眉不展时，周围的人们给他出了一个建议："你可以将掉下来的天鹅羽毛装到一个袋子里面，再配上一首小诗。"于是缅伯高写诗道："天鹅贡唐朝，山重路更遥。沔阳河失宝，回纥情难抛。上奉唐天子，请罪缅伯高。物轻人意重，千里送鹅毛。"

任务分析

如何恰当表现礼尚往来？

作为人际交往中一项重要举措，馈赠要求认真、自愿，且不可强人所难。成功的馈赠，能够借此恰到好处地向受赠者表达自己的友好、敬重或其他特殊感情，同时，还应当能够让对方喜欢，给受赠者留下深刻的印象，令其难以忘怀。

人际交往中的馈赠行为，是发生在赠送者与受赠者双方之间的，具体来说，学习馈赠礼仪，不仅要通晓赠送守则，同时还应当对受赠礼须知一清二楚。

一、馈赠与礼物

（一）馈赠的起源

馈赠起源于古代的祭祀活动。古人在祭祀时，除了用特定的动作、虔诚的态度向神表示崇敬和敬畏外，还将自己最有价值的物品奉献给神灵。

关于礼物，亦有人认为礼物来源于古代战争，随着部落兼并产生了"纳贡"，被征服者定期向征服者送去食物、奴隶等，以期获得庇护。之后人们的礼尚往来，是以礼品的赠与酬报的方式进行的产品交换。

（二）馈赠礼品的意义

（1）礼品是社交的纽带。送礼是人类社会各个时代、各个地区普遍存在的社会现象。逢年过节、婚丧嫁娶、探望祝贺等时候，选择合适的礼物馈赠能表达我们特殊的愿望，传递特殊的情感，是人际交往中正常的情感传递方式。《礼记·曲礼上》记载：礼尚往来，往而不来，非礼也；来而不往，亦非礼也。

（2）礼品是人品的延续。礼品能衡量感情、智慧和才干，礼品也是人品的延续。在精心挑选礼品时，应既在自己能承受的经济范围之内，又符合受礼人的需要、兴趣和愿望，这样挑出的礼物就是好的情感表现。而明知已经过了保质期的食品，却还当作礼物送给他人就是典型的不合适的表现。

二、赠送的守则

每逢以物赠人时，赠送者往往会自谦道："区区薄礼，不成敬意。"话虽如此，任何人在选择赠品时，都是将其视为友情或敬意的物化，从而对其倍加重视。以物赠人而无所用心，是完全不可能的。

作为馈赠的发起之人，赠送者的选择、准备礼品及面交受赠者的一系列活动，都应当考虑周到，符合礼数，慎而又慎。

一般情况下，选赠礼品时，务须兼顾以下三大问题。

（一）佳礼的标准

依照社交礼仪的规范，在人际交往受欢迎的礼品，须符合以下几条具体标准：

1. 适应性

所赠礼品应该投其所好，这就是礼品的适应性。如"宝刀理应赠予猛士，鲜花自当送给佳人"。若反其道而行之，使礼品"找错对象"，就很难使其适得其所。

2. 纪念性

送人的礼品务必着重突出其纪念意义，即要讲究"千里送鹅毛，礼轻情意重"，而无须过分强调其价值、价格。这就是礼品的纪念性。

不提倡动辄以大额的现金、高档的商品、名贵的珠宝赠送于人。那样非但会让受赠者处于受之不当、拒之不恭的两难境地，还会给人以庸俗之感，有行贿嫌疑。

3. 独创性

选择礼品时，应当精心构思、匠心独运、富于创意，力争使礼物独一无二。这就是礼品的独创性。

赠送具有独特性的礼品给人，往往可以令其耳目一新，等于是"特别的爱给特别的你"。

4. 时尚性

礼品的时尚性，指的是送人的礼品，在符合以上几条标准的同时，还须符合时代标准。

 阅读材料

馈赠礼仪

中国人注重"以物寄情、以物达意"，晋代时期的《风土记》便有记载："蜀之风俗，

晚岁相与馈问，谓之馈岁；酒食相邀为别岁；至除夕，达旦不眠，谓之守岁。"其中的"馈岁"指的便是人们互赠礼物。手中的礼物，流淌着心意人情。

远游在外的儿女，被"过年回家，该送爸妈亲戚朋友什么礼物？"的难题所难倒，如何送出一份"高质量礼物"？其实不管是选择大家常选的酒类，还是茶叶、香烟，礼物的类别虽不同，但相同的是其中包含的情谊。

礼物在承载美好祝福的同时，也代表着当代人对底蕴深厚的中华传统文化的认同和尊崇。例如，有中华之"魂"称号的玉雕，就是非常能代表中国文化的礼物。崇尚美好品德的国人将玉石视为民族魂。生成了亿万年前的玉，素有"金有价，玉无价"之说。崇尚美好品德的国人将玉石视为民族魂，因为玉具备了我们所向往的所有美好品行——温文、宁静、含蓄、纯净、坚贞和正气。

琢磨璞玉，美玉出焉。玉雕技术，需要工匠结合玉石自身的大小、形状、颜色、透明度等特点，从不同的角度、方向反复进行审视，在发现玉石的美点和瑕疵后，再将玉石雕刻成精美的工艺品。以刀为笔、将心作墨，让一件件璞玉脱胎升华。一件玉雕工艺品既有着玉石自身的文化内涵，也兼具着玉雕技艺的艺术价值。

其实，没有绝对满分的"送礼攻略"，毕竟，在送礼这件事上，最重要的是体现心意，其次是通过礼物传递中华传统文化，让礼物连接团圆。

（二）禁忌的回避

在选择、准备礼品时，不能单凭个人意愿，"想当然"地自作主张。在努力选择上佳礼品时，应当有意识地做到不送受赠者不欢迎的礼品，要自觉、主动地避开对方受礼的禁忌。

根据一般规律，主要为下列七类物品。

1. 违法的物品

在任何时候，选送礼品给别人时，都要首先树立法律意识。赠送礼品时，还应考虑到不能违犯国家的现行法律。

2. 犯规的物品

这里指的是所赠礼品不符合馈赠双方，尤其是受赠者一方的有关规定。赠送犯规的物品给人，是明知故犯，存心让对方为难，甚至有害于对方。

> **小贴士**
>
> 我国规定，公务员在执行公务时，不得以任何理由收受礼品，或变相收受礼品。否则，即有受贿之嫌。

3. 败俗的物品

在任何情况下，都要避免把对方认为属于伤风败俗的物品作为礼品相赠。这样做，是尊重交往对象的应有之意。

4. 犯忌的物品

日常生活中，人们由于种种原因，往往会对某些物品敬而远之，或者存在强烈的反感和抵触情绪。将犯忌之物送人，不仅有可能令对方难堪，更会使自己送礼的良好愿望适得其反。

 小贴士

中国馈赠禁忌

（1）刀剪。刀剪是伤人利器，还有一刀两断之意，而且送人刀剪会让对方觉得有威胁之感。

（2）菊花。黄色、白色菊花通常用于纪念逝者，所以不可作为礼物送出。

（3）旧物品。通常没有人喜欢"收礼收到二手货"，所以礼物还是选全新的好。

（4）钟表。"钟"与"终"读音相同。送钟会让老人们联想到"送终"，很不吉利。

5. 有害的物品

有一些东西，虽然不为法律、规章所禁止，但是对人们工作、学习、生活以及身体健康不但无益，且有害，就不是送人的佳礼。比如，香烟、烈酒等类物品送人，或许能投其所好，但却难脱伤害他人健康之嫌。

6. 废弃的物品

赠送的礼物，不必出身"名门望族"，也不一定非得价格高昂。但一般情况下，绝对不能把自家不想要的或用不完的东西相赠与人。把过时、无用之物、假冒伪劣物品送给别人，不能说明自己与对方"不见外"，只能证明自己看不起别人。

7. 广告类物品

一般情况下，除家人之外，轻易不要把带有广告功能的物品赠送给他人。用广告物品送人，非但等于什么都没有送，还会给人留下这是存心"杀熟"，利用对方替自己免费做宣传的印象。

（三）送礼的常规

现场赠送礼品时，还有一些需要注意的事项。做好这些事情，既是社交礼仪的基本要求，又是使整个馈赠行为取得成功的必不可少的重要环节。

1. 精心包装

礼品的包装，通常被看作是礼必不可缺的重要组成部分之一。它犹如礼品的"外衣"，穿上了"外衣"的礼品，才显得正式、高档，而且还会使受赠者感到自己备受重视（见图5-4-1）。

2. 表现大方

现场赠送礼品时，最重要的是要神态自然、举止大方、表现适当。应郑重其事地起身站立，走近受赠者，双手将礼品递给对方。礼品应当递到对方手中，不宜放下由对方自取。

图 5-4-1　礼品包装

若礼品过大，可由他人帮助递交，但赠送者本人还是要参与其中，并援之以手。

若同时向多人赠送礼品，最好先长辈后晚辈、先女士后男士、先上司后下级、先外宾后内宾，依次有条不紊地赠送。

3. 认真说明

以礼赠人时，有必要辅以适当的、认真的说明。大体分为以下四类：

（1）因何而送礼：比如，可在说过"祝您生日快乐"之后再送上礼物。

（2）自己的态度：送礼时切勿自我贬低，如"没有准备，临时买来的""没有什么好东西，凑合用吧"，而应当实事求是地说明自己的态度，如"这是我为您精心挑选的""希望您会喜欢"。

（3）礼品的寓意：送礼时，详细地介绍礼品的具体寓意，多讲几句吉祥话，往往必不可少。

（4）礼品的用途：如若送的礼品较为新颖，还需向受赠者说明其具体特点、用途、用法，让对方明了礼品的独特之处、作何之用及如何使用。

三、受赠的须知

作为受赠者，在接受礼品时，有一些注意事项必须了然于胸，并认真遵守。不可以对他人的礼品漠然无视，也不宜在接受礼品时行为失当。

（一）欣然笑纳

一般情况下，对于他人诚心相赠的礼品，是却之不恭的。

接受他人赠品之时，对下面五个细节问题应予以认真对待。

1. 神态专注

当得知有礼相赠时，不论自己在做什么，都应立即中止，起身站立，面向对方。不应伸手去抢、开口询问，或者双眼盯住不放。注意保持风度，神态既要专注、认真，更要显得稳重、大方。

2. 双手捧接

在赠送者递上礼品时，要尽可能地用双手去"迎接"，应该面含微笑，双目注视对方。

 **小贴士**

> 若对方提供的是礼品单，应立即从头至尾细读一遍。
> 接受礼物时，不到万不得已时不能把礼品直接放在地上。

3. 认真道谢

在双手接过他人赠品的同时，应恭恭敬敬、认认真真地立即向对方道谢。有条件的话，还应即刻与对方握一握手，以示感谢之意。

4. 当面拆封

如果现场条件许可，应尽可能地当着对方的面，将礼品当场拆开。这种做法，在国际社会是非常普遍的。它表示自己看重对方，同时也很看重所获赠的礼物。

5. 表示欣赏

当面拆开包装后，勿忘采用适当的动作和语言，显示自己对礼品的欣赏之意。切不可说获赠之物不适合自己，或当场吹毛求疵。

（二）拒绝有方

有时候，出于种种原因，不能够接受他人所赠送的礼品。在拒绝时，一定要讲究方式、方法，处处依礼而行。要给对方留有退路，使其有台阶可下，切忌令人难堪。符合社交礼仪的拒收礼品方法有以下三种，可酌情选择、见机行事。

1. 婉言相告法

采用委婉的、不失礼貌的语言，向赠送者暗示自己难以接受对方的好意。如当对方向自己赠送手机时，可告之："谢谢，但是我已经有一部了。"

2. 直言缘由法

直截了当而又所言不虚地向赠送者说明自己难以接受礼品的原因。

3. 事后退还法

有时，拒绝他人所送的礼品，若在大庭广众之前进行，往往会使受赠者有口难开，使赠送者尴尬异常。遇到这种情况，可采用事后退还法加以处理，即当时接受下礼品，但不拆启其包装。事后，尽快地单独将礼品物归原主。

需强调的是，采取此方法时，退还礼品的时间不宜拖延过久，最好在接受礼品起的24小时之内付诸行动。此外，切勿将退还之物私下拆封，尤其是不能用过之后才去退还。

(三) 依礼还礼

古人言:"来而不往,非礼也。"在人际交往中,礼尚往来,互赠礼品,是人之常情。

依照社交礼仪的规范,在人际交往中选择还礼时,重点需要注意还礼的时间与还礼的形式两个问题。把这两个方面的问题处理好了,还礼方算合"礼"。

1. 还礼的时间

就还礼而言,在具体的时间上必须慎重思量。

选择还礼的时间,要讲"后会有期"。其最佳的选择有三:第一,适逢与对方馈赠自己相同的机会还礼。第二,在对方及其家人的某一喜庆活动中还礼。第三,在此后登门拜访时还礼。

> **小贴士**
>
> 还礼并非"还债",要讲自觉自愿。还礼次数不必过多,完全没有必要再三地还礼,以致使其成为一种负担。

2. 还礼的形式

还礼,是很讲究具体形式选择的。假如还礼的形式不对,"还"还不如不"还"。在考虑还礼时,下述几种形式都是合乎礼仪,可选择其一的。

(1) 可以用对方相赠之物的同类物品作为还礼。这里所说的"同类"指的是大的种类。但要注意,在具体品种上,还礼不要与赠礼完全相同。

(2) 可以与对方相赠之物价格大体类似的物品作为还礼。一般来讲,还礼与赠礼的价格相仿即可,没有必要有过之而无不及。

(3) 可以某种意在向对方表示尊重的方式来代替还礼。受礼之后,不必非要还礼,代之以其他形式,如,在口头上或书面上向对方致谢;或是在再见对方之时,使用对方的赠礼以示不忘等,同样是可行的好办法。

> **知识拓展**
>
> 鲜花的寓意
>
> | | | | | |
> |---|---|---|---|---|
> | 玫瑰:爱情 | 丁香:初恋 | 菊花:高洁 | 橄榄:和平 | 康乃馨:母爱 |
> | 桂花:富贵 | 牡丹:高贵 | 水仙:尊敬 | 百合:纯洁 | 仙人掌:热情 |
> | 茶花:美好 | 荷花:纯洁 | 兰花:高雅 | 杏花:疑惑 | 郁金香:幸福 |
> | 垂柳:悲哀 | 石竹:拒绝 | 松柏:坚强 | 梅花:坚贞 | 向日葵:健康 |

高铁乘务员公务接待礼仪实训练习内容及评价标准

实训内容	操作方法	基本要求
1. 见面礼节训练	1. 熟悉见面相关称谓及礼节。 2. 设计不同见面场景，进行模拟训练	1. 教师须先示范。 2. 分小组进行实操练习，并指导学生注意事项。 3. 小组操作后互相点评
2. 会议服务礼仪训练	1. 根据不同会议，设计对会议的服务流程。 2. 掌握会议服务中的相关要求。 3. 进行会议服务礼仪训练	
3. 电话使用礼仪训练	1. 熟悉常见接打电话礼貌用语。 2. 根据不同的场景，设计接打电话礼貌用语。 3. 进行接打电话实训	
4. 聊天工具使用礼仪训练	1. 确定使用的聊天工具类别。 2. 根据不同聊天工具，设计相关聊天礼仪。 3. 进行聊天工具使用礼仪训练	
5. 馈赠的礼仪训练	1. 遵守赠送及受赠的相关礼仪要求。 2. 根据不同的馈赠场景，进行礼物馈赠情景设计。 3. 进行馈赠礼仪训练	

项目 6 使用礼貌服务语言

本项目课程思政教育案例扫码观看

高铁服务人员礼貌用语动画扫码观看

在高速铁路旅客运输服务中，掌握如何运用规范的礼貌服务用语服务广大旅客，能够最大程度提升铁路企业的形象，同时也直接影响着铁路旅客运输工作的实际成效，乃至间接影响铁路发展战略的实施。

案例导入

高铁 G695 次始发太原南，途经武汉。旅客投诉一等座乘务员服务态度恶劣，主要表现为：发零食和饮料时同另一名乘务员抱怨："我再也不想跑这条线了，往后领导排了也不跑了，一等座的旅客又能吃又能喝，还不停地上厕所……"，带有地方歧视意味的言语让周围旅客感到不适。在快要到站前，乘务员告知带领小孩排队上厕所的旅客："反正排队也上不了厕所，乐意排就排！"旅客纷纷投诉乘务人员没有职业操守、极不礼貌。

案例分析

本案例中乘务员的服务用语明显存在不规范的地方，也缺乏和旅客之间语言沟通的基本礼仪与技巧。

任务 1 语言表达艺术

语言表达艺术是基于文学性，强调逻辑性、创意性、心理性的综合表现艺术，它强调对不同受众或不同目的而采取不同语言组织战略，从而取得最佳表达的效果。语言表达艺术是一套复杂的语言传达体系，除语音训练外，还包含眼神、手势、头语、体态、表情等视觉表达体系。

一、倾听

倾听是指接受口头的及非语言信息、确定其含义和对此做出反应的过程。莎士比亚说"最完美的交谈艺术不仅是一味地说，还要善于倾听他人的内在声音"。

（一）倾听的作用

1. 是尊重、重视说话者的重要表现

教育家卡耐基说："做个听众往往比做一个演讲者更重要。专心听他人讲话，是我们给予他最大的尊重、呵护和赞美"。每个人都认为自己的声音是重要的、动听的，并且每个人都有表达自己的愿望。听对方讲话时，聚精会神地听，身体前倾，不时点头，适时回应，不仅是尊重对方的表现，还会让对方深受鼓舞，打开心扉。

2. 是了解他人的最佳途径

俗话说："会说的不如会听的"，倾听的作用甚至超过了能言会道。认真地听并仔细领会说话者的意思既是分辨事实的最佳途径，也是建立良好人际关系的基础。

3. 成为受欢迎的人

倾听可以减除他人的压力，帮助他人理清思绪。这样你便会成为一个备受他人欢迎、喜欢的谦虚的人。倾听是解决冲突、矛盾，处理抱怨的最好方法之一。一个牢骚满腹，甚至别人口中"最不容易对付"的人，在一个有耐心、具有同情心的倾听者面前，都通常会软化而变得通情达理。

（二）倾听的方式

倾听的方式多种多样，可以用耳朵听、用眼睛听、用心灵听。每一种倾听的方式产生的效果都不同。沟通学研究者将倾听分为以下几种。

1. 被动倾听

倾听者被动消极地听他人所说的字词和内容，常常错过了讲话者通过表情、眼神等体态语言所进行的表达。这种方式的倾听，常常导致误解、错误的举动，失去真正交流的机会。学生在课堂上如果只是被动地听课，不会有好的学习效果。

2. 选择倾听

选择性倾听主要是指一些人在某些事情上愿意听符合自己意愿的话，其他不符合自己意愿的话被自动屏蔽掉了。古语有云："兼听则明，偏信则暗。"如果是选择性地听课可能会忽略重要的内容。

3. 专注倾听

在倾听的时候，眼睛看着对方，认真仔细地听对方说的每一个字，注意对方谈话的重点，适时地点头示意，鼓励对方说下去，让他知道你在用心倾听。

4. 积极倾听

积极倾听是指既有专注地听，同时也在积极地思考，并且捕捉到说话者的意图而做出响应，这正是谈话者所希望的方式，也是倾听的最佳方式。只有采取积极的听课方式才能有好的学习效果。

（三）倾听的艺术

倾听既是一种情感活动，也是一种能力，更是一种艺术。掌握倾听的艺术需要从小节做起，才能够成功。

1. 注意倾听的态度

认真地倾听，用眼神和适当的语言回馈、鼓励说话者把话讲完是倾听者的最佳态度（见图 6-1-1）。耐心、专注的态度可以帮助倾听者掌握更多的信息，提高倾听的效率和效果。倾听时应耐心地听对方把话说完，不可断章取义，更不可贸然打断对方谈话，曲解对方意图，导致交流失败。

图 6-1-1　认真倾听的态度

阅读材料

学会倾听

几年前，纽约的一家电话公司遇到了一个投诉的客户。他打电话到公司，声称账单是错误的，金额虚假，并且拒绝付款。接下来，他就开始破口大骂，甚至说要去总部投诉，曝光给报社媒体，同时还给公共机构寄出了投诉信。

电话公司实在走投无路，他们请出最能干的调解员皮特先生去解决这个麻烦。皮特先生看起来十分淡定，在接到投诉电话时，他只是耐心地听着，对他的不满和委屈表示同情。

"他骂了三个小时，我也听了三个小时，他原本以为我会反驳他，我并没有，然后他就气消了。"皮特先生说道。之后，这位调解员又与客户继续沟通，一直默默听他说话，在第四次面谈时，客户付清了欠款，也撤销了投诉。

而皮特先生，也成了这位客户指定的服务代表。

"从来没有人认真听过他的诉求，他想要的只是被重视的感觉而已，倾诉完了情绪，他就对我友善了起来。"调解员皮特分享了他的经验。

遇到冲突矛盾，千万不要立马就争吵，而是应该冷静倾听对方。

有时候，专注地倾听，就能化解许多灾祸，甚至获得一段不期而遇的缘分。

倾听，就是让对方把心里的情绪统统倒出来，让他感觉自己是被在乎的。

2. 掌握倾听的礼仪

倾听的过程中，重视倾听礼仪是有涵养有素质的表现，同时也表达了对谈话者的尊重和重视。《语言的突破》的作者戴尔·卡耐基曾说过："当对方尚未言尽时，你说什么都无济于事。"这就是说在对方尚未达到畅所欲言的状态时，对任何劝说都不会做出反应的。所以我们应该重视倾听的礼仪。

（1）倾听时应身体前倾、眼睛注视对方，表情自然。眼神、语言随肢体附和。

（2）应当有恰当的情感投入。说话的内容可能是高兴的、悲伤的或是平淡的，倾听者都应随之有情感的反应。面无表情、无精打采，传递出的信号是不感兴趣，不想听对方说话，说话者就会感受像在面对一面墙，双方无法继续交流。

（3）不做小动作。不停地看手机，看手表，双手摆弄小物品等都是在向对方传递"我不想听，你无须多说"的信息。倾听者一定要避免不良的肢体语言出现。

（4）不随意打断对方，不贸然批评对方观点。谈话中随意打断对方，既是不尊重对方的表现，也不能准确理解对方谈话中的含义，不利于双方的交流。每个人都有自己的想法，不能因为不同意对方的观点就贸然批评对方，应冷静听完对方的话语再适时表达自己的观点。

3. 学会倾听的技巧

可以提高倾听效率，更好地达到倾听的目的。

（1）保持中立：谈话中，在倾听时要注意分辨说话者的意图，不能匆忙下结论，最好保持中立的态度，这样有助于客观地分析和解决问题。匆忙下结论可能会误会谈话者的真正意图，也可能因下错结论而使自己尴尬，结果既帮不了别人，也会使自己不舒服。

（2）反应式、积极式倾听：交谈时使用恰当的肢体语言和口头语言，反应式、积极式地来倾听。既可以用点头、微笑、上身前倾、眼神会意等肢体语言鼓励对方，表达支持，也可以用是的、对的、明白、我同意你的看法等口头语言表示接纳、同意对方的观点，使说话者受到鼓舞，能敞开心扉地畅谈。

（3）适时提问：交谈中适时提问可以有效提高谈话效率，避免冷场，更容易达到谈话的目的。多采用开放性提问（怎样、什么、为什么），给回答者更多的思考和说话空间；少采用封闭性提问（是不是、对不对、行不行），否则会使谈话者处于被动地位，压抑其自我表达的愿望与积极性。

二、交谈

交谈是人们日常社交生活的基本形式之一，通过交谈，人们可以交流思想、沟通感情、建立联系；通过交谈，人们能够协调关系、消除隔阂；通过交谈，人们可以展现自己的才华、个人礼仪修养。

从古至今，语言都充满着独特的魅力和无穷的力量，它作为人际交流必不可少的工具，在人类历史的长河中一直发挥着不可替代的作用。在古战场上，口才好的人能够平息两国之间的纷争，化干戈为玉帛，充分印证了"一人之辩，重于九鼎之宝；三寸之舌，强于百万之师"这句话。

案例导入

不愉快的交谈

女儿：妈，你看到我的那件白色外套了吗？
妈妈：你的衣服在哪，你自己不知道？（反问1次）
女儿：我找不到了，你快帮我找一下！（命令的口吻）
妈妈：你都找不到，我能找到吗？（反问2次）
女儿：我放洗衣机里了，衣服是你洗的，就是你搞得我找不到的。（责备）
妈妈：你还怪我？自己的事情自己不操心，只会张着嘴问。（矛盾激化）

 **案例分析**

明明只是为了找一件衣服，却变成相互埋怨，不但问题没有解决，还产生了新的争端，引发了争吵。其实换一种说话的方式就可以避免矛盾的产生。

（一）交谈的语言要求

（1）语言的有效性：被接受的话语等于白说，因而谈话者首先要考虑的问题是语言的有效性。

说话人的音色、音量、语气会直接影响听话人对话语的接受度。悦耳的声音、清晰的语言、令人舒服的语气无疑会吸引听话者的注意力，从而增强语言的有效性。

语言的时代感是确保语言有效性的基础。与不同年龄的人交谈，语言应符合这个年龄层的时代特征。如：年轻人不能接受保守、呆板的陈词滥调；年长者也对新型词汇、网络语言很反感，甚至完全听不懂。充分了解不同年龄的人的语言习惯才能提高语言的有效性。

讲话时机是否合适，对方能否专心听讲，是否感兴趣等，这些都是在讲话前需要观察、考虑的。人们寂寞时，会愿意与你聊天；心情沮丧时，会渴望得到你的安慰；陷入困境时，会希望得到你的鼓励；在生日、节假日时，乐意得到你的祝福。

（2）语言的正确性：说话者保证语言的正确性既是对他人的尊重，也是自己诚信的保障。

实事求是：任何人都不能接受空话、大话、假话。"掩耳盗铃""狼来了"这些故事就是教育我们从小养成好习惯，说话一定要实事求是。

用词准确：模棱两可的话语，拐弯抹角的表达方式，会让听者不知所云。特别在服务中，回答问题应准确，避免"好像……，似乎……"这样的回答。

区分场合：一般场合与正式场合、口头表达与书面表达所使用的语言是不同的。介绍他人时一般场合可以使用简称，正式场合必须使用尊称。与人面对面交谈应使用口头语，如果用书面语与人交谈就会显得不自然。

把握语境：在日常社交中，人们避免不了说一些客套语、委婉语、玩笑语、戏谑语，甚至是善意的谎言。但使用这类语言要把握语境，学会区分场合，有针对地使用，否则容易引起误会。

（3）语言的情感性：人类是富于情感的高等动物，在语言交流中自然会有情感交流。

态度要诚恳。打招呼时要亲切；表示祝贺时要热情；说"谢谢！"时要诚恳；与人交谈时要专一。

注意细微的差别：博大精深、丰富多样的语言中，有时一字之差，情感的表达就差之千里。你改为"您"，请改为"请上座"，用词的不同，表现了不同的礼遇。

 知识拓展

礼貌语的基本要求

无论是在日常社交中，还是在工作中，与人交流时语言的最基本要求就是"做到五声，杜绝四语"。

（1）做到五声："问候声""招呼声""感谢声""道歉声""道别声"。

（2）杜绝四语："烦躁语""否定语""蔑视语""斗气语"。

（二）交谈的礼仪

说话得体才能受人喜爱、得人尊重，学会交谈礼仪是现代社会提高精神文明的重要体现。服务行业的从业人员应养成使用礼貌语的良好习惯。

（1）学会使用礼貌语。礼仪的核心是尊敬，而其在语言上的体现就是学会使用礼貌语。

尊敬语：直接表达对客人尊敬的语言。例如：令尊，令堂，您请，您贵姓等都是尊敬语。

谦让语：利用自谦来表达对客人的尊敬的语言。例如：免贵，家父，家母，鄙人等都是谦让语。

郑重语：间接表达对客人的尊敬的语言。例如：久仰、久违、再见、请赐教、请雅正等都是郑重语。

 知识拓展

常用的"十字"礼貌语

"您好""请""谢谢""对不起"和"再见"是日常生活中人际交往所需、社会大力提倡的"十字"礼貌用语。随着社会的进步和文明程度的提高，这些最基本的礼貌用语日益被广泛接受和使用。特别是对于从事旅游服务行业的从业人员来说，每天要与来自五湖四海的宾客做语言上的沟通和交流，学会正确使用"十字"礼貌用语，恰当区分"十字"礼貌用语的语意、意境的意义非同一般。

（2）了解礼貌语言的特点：要用好礼貌语就应了解礼貌语的特点。

言辞的礼貌性：尊敬语、谦让语、郑重语都体现了言辞的礼貌性。

措辞的修饰性：直接表达不礼貌、不好听，学会委婉语、征询语、雅语的使用，体现措辞的修饰性。如美国黄石公园的警示牌上写道："除了照片外什么也不要带走，除了脚印外什么也不要留下"。以及用"可不可以"代替"应该"，"几位"代替"几个人"等等。

语言的生动性：生动幽默的语言能使人轻松、愉快。让幽默成为一种习惯。

表达的灵活性：针对不同的性别、年龄、身份有不同的表达。例如："你多大了？""芳龄多少？""请问您贵庚？""您高寿？"面对不同的年龄的人，不同的表达能产生不同的效果。

📋 阅读材料

自古以来我们很忌讳"死"字，一般会借用其他的词语委婉含蓄地来表达其含义。据调查，汉语中关于"死"的委婉语有上百种之多。中国古代封建等级制度森严，对不同人的死有不同的称法，《礼记·曲礼》记载："天子死曰崩，诸侯死曰薨，大夫死曰卒，士死曰不禄，庶人死曰死"。僧尼去世的婉称一般有"涅槃、圆寂"；道徒去世的婉称有"遁化、羽化"。未成年去世称"夭折、夭亡"；年轻女子去世称"香消玉碎、香消玉殒"等；为正义事业而亡称"捐躯、牺牲、阵亡、就义"。委婉语实质上是禁忌语的变体，担负着润滑交际的任务。

（3）掌握礼貌语言的准则。在社交中或是服务接待中，使用的语言应符合礼貌语的准则，体现一个人的文化修养，反映一个企业的精神面貌。

得体准则：因时、因地、因人、因事灵活使用礼貌语，使有声语言得体。说话人的仪表端庄整齐、仪态大方优雅，服务人员动作轻柔敏捷，都是形体语言得体的表现。

大方准则：说话者不能只从自己出发，忘记他人的需求。应尽自己最大努力照顾到他人的情绪、利益，体现大方准则。注意"小气"的损失，重视"大方"的经验。

谦虚准则：说话时用语谦虚是中国人的传统，在别人面前争强好胜、自认高明、夸夸其谈的方式都会令人反感。应淡对夸赞，不卑不亢，虚心耐心，用词恰当。

赞誉准则：被人喜欢，受人赞誉，得人尊重，都是人的心理需求。学会真心诚意地赞美他人，注意赞美的方式和技巧，赞美时要实在具体、合乎时宜、因人而异、雪中送炭。

一致准则：社交用语应与他人想法、要求尽量保持一致。服务用语应得到客人的认同，争取认识上的一致，情感上的融洽。当与客人诉求不能完全一致时，要做到求大同存小异，设身处地为客人着想。当有矛盾产生时学会迂回诱导，以争取最终沟通解决问题。

热情准则：人与人相处时，情绪会互相影响，社交时只有对他人施以热情情绪，才能获得积极的回报。服务中，与客人对话要善于通过热情的礼貌言行，以真情唤起真情，才能形成相互尊重、友好、信任的氛围。同时，热情也要有度，要掌握客人的情感和情绪特点，把握好语言的表达方式。

小贴士

言谈的六个技巧

（1）表达情绪时，陈述+示弱>反问。
（2）夸别人时，夸细节>笼统夸。
（3）用回夸的方式，巧妙延续话题。
（4）给对方发言空间，避免自嗨。
（5）不正面与别人的恶言恶语交锋。
（6）语言受限时，可以用行动替代。

（三）正确使用礼貌语

1. 加强修养

心有所存才能口有所言。要说好礼貌语应提高思想修养，注意仪表仪态，塑造表里如一的美好形象。

2. 针对使用

由于礼貌语的语义及使用范围各有不同，使用时应从实际出发，有针对地使用，不可信手拈来，否则可能因用错对象或是场合而失礼。

3. 养成习惯

古人云："诚于中则形于外，慧于心而秀于言。"养成良好的使用礼貌语习惯，戒除不礼貌的习惯和用语。与人交往时无须刻意提醒自己，自然能准确、得体地使用礼貌语，使自己在社交中、工作中显示魅力，展现良好的礼仪修养。

 小贴士

言谈禁忌

（1）避免格调不高、令人反感的话题。谈话内容一般不要涉及疾病、死亡等不愉快的话题，不谈荒诞离奇、耸人听闻、黄色淫秽的事情。
（2）避免国家机密、商业秘密、个人隐私的话题。年龄、体重、婚姻、住址、收入、经历、信仰属于个人隐私问题，不可好奇询问。
（3）避免讽刺挖苦、捉弄非议他人的话题。有不同看法时要冷静，不要动怒，不可失礼。不要不负责任地传播小道消息，不要背后说三道四。特别不可对有残疾的人士说带有伤害性的话语。

任务 2　高铁服务人员语言要求与规范

> **案例导入**
>
> K352 次始发成都东，终到上海南，途经武汉。在武汉站换乘时，发生了一起乘客与乘务员之间的争吵事件。乘务员："往里走，快点往里走，塞在门口为哪样？"乘客："服务员同志，态度好一点嘛！"乘务员："态度？态度几块钱一斤？！"乘客："刚才我不是跟你说了嘛，前面的人走得慢。"乘务员："我这不也在跟你说吗，你叽叽歪歪什么呀？"
>
> **案例分析**
>
> 作为服务行业的从业人员，使用礼貌用语，是对旅客服务的基本态度。本案例中乘务人员居然还把态度跟金钱联系在一起，表现出来的不仅是对乘客的不尊重，更贬低了自己，以金钱来决定对客人态度的服务人员，是得不到别人的尊重的。

客运乘务人员使用服务用语时应遵循"态度热情、用语文明、表达准确清晰、使用普通话"的基本原则。在服务时应注重语言沟通，尊重旅客，礼貌热情。讲话时应注意音量适当，用语准确得体，简洁清晰，根据不同的服务对象和服务场合使用适当的称呼用语。

一、客运服务人员语言要求

（一）发音清晰

在客运服务工作中，客运服务人员的发音应当做到普通话标准、自然、清晰。另外，在较大的空间和多人进行讲话时，声音要有较强的力度。有些人由于发音器官的天生或后天缺陷，造成个别音素发不准，容易影响讲话的整体质量。对此，应该在平时努力矫正。如果确实存在困难，也可以尽量少用或不用发不准音的字或词语，否则会影响交际的效果。

（二）语调得体

无论是哪一种语言对于各种句式都有语调规范。有些同样的句子，用不同的语调处理，可表达不同的感情，收到不同的效果。

例如，当客运服务人员被问到是否能完成一件比较困难的工作时，用中等速度适当提高音量回答"我可以试试"，与用慢速轻声回答"我大概可以试试"，给乘客的感觉就会大不一样。前者听上去充满自信，而后者则使人感到缺乏信心。所以客运服务人员有必要使用更加得体的语调，也就是语调应该是起伏而不夸张，自然而不做作，同时要用积极或乐观的语调向乘客充分展现自己的精神风貌。

(三）音量适中

服务旅客时的音量，以保持旅客能听清为宜。适当放低声音虽会显得顺耳有礼，但不宜演变成喃喃低语，那是没有职业化自信的表现，而嗓门太大太亮，则会骚扰他人，且有咄咄逼人之势，理应避免。

（四）语速适宜

适宜的语速，并不是从头到尾一成不变的速度和节奏，而是要根据内容的重要性及旅客注意力的情况合理地调节语速和节奏，切忌使用急迫的机关枪式语速。要想显得亲切大方、典雅文静，语速就不能过快。还应该注意适时地进行必要的停顿。这样娓娓道来，才能给对方留下稳重的印象，也为自己塑造了温文尔雅的好形象。

例如，高铁餐服员在售卖盒饭时面对犹豫不决、耽误时间的客人高声快速地说："味道都差不多，你快随便选一盒吧"，会让客人觉得餐服员态度不好；如果亲切慢速但又果断拿起一盒说"您可以试试这个口味，大家都觉得好吃"，反而既能快速售卖盒饭也能得到客人的认可，如图 6-2-1 所示。

图 6-2-1　乘服员态度亲切

（五）慎用语气词、口头语

除了上述 5 点，客运服务人员还要警惕一个很容易破坏语言意境的坏习惯，过分使用语气词、口头语。不要老是用"那么""就是说"等来引起话题。或者，在面对能听懂中文的旅客的表达中使用太多的"well""and""you know""ok"及故作姿态的"yeah"等，这些口语化的英文不仅有碍于旅客的连贯理解，还容易引人生厌。

二、客运人员服务语言规范

在服务工作中，恰到好处地使用礼貌用语，可以表现出客运服务人员的亲切、友好、和蔼与善意，还能够传达对旅客的尊重。恰当地运用礼貌用语，是对客运服务人员的一项基本要求。同时，也是客运服务人员做好本职工作的基本前提之一。根据特定的使用场合，客运服务人员常用的礼貌用语可划分为以下几大类。

（一）问候用语

问候是人际交往中的重要环节。问候是向对方询问安好、致以敬意或者表示关切之意。问候他人时，具体内容应当既简练又规范。

（二）迎送用语

迎送用语，主要用于客运服务人员在工作岗位上欢迎或送别旅客。它可分为以下两种。

1. 欢迎用语

欢迎用语又叫迎客语或迎宾语。常用的欢迎用语有"欢迎光临""欢迎您的到来""见到您很高兴"等。在使用欢迎用语时，通常应当一并使用问候语，并且在必要时还需同时向对方主动点头、微笑、鞠躬、指引等，如图 6-2-2 所示。

图 6-2-2　客运服务人员立岗迎客

2. 送别用语

送别用语又叫告别用语。常用的送别用语有"再见""慢走""走好""欢迎再来""一路平安"等。一定不要忘记使用送别用语，也千万不要在对方离去时默不作声，留下遗憾。

（三）感谢用语

在人际交往中，使用感谢用语，意在表达自己的感激之意。运用感谢用语，可以使自己的心意被他人所接受，而且也可以展示本人的修养，因为"礼多人不怪"。

 知识拓展

在工作中使用感谢语的五种时机

① 获得他人的帮助时。

② 赢得他人的理解时。
③ 感到他人的善意时。
④ 婉言谢绝时。
⑤ 受到他人的赞美时。

（四）请托用语

请托用语，是请求他人帮助时使用的专项用语。在工作岗位上，任何客运服务人员都免不了有求于人。不管是需要理解，还是寻求帮助，都需要诚恳地使用请托用语。请托用语主要有以下三种形式。

1. 标准式请托用语

主要就是一个"请"字。当客运服务人员向旅客提出某项具体要求时，只要加上一个"请"字，往往很容易为对方所接受。如："请稍候""请让一下"等。

2. 求助式请托用语

最常用的是："劳驾""拜托""打扰""借光"，等等。它们往往是在向其他人提出某一方面的具体要求，如请人让路、请人帮忙、打断别人的交谈、干扰他人做事时，才会被使用。

（五）征询用语

服务过程中，客运服务人员需要以礼貌的语言向旅客进行征询。在进行征询时唯有使用必要的礼貌语言才会取得良好的反馈。

主要征询用语有："您需要帮助吗？""您有什么事情吗？""我能为您做点儿什么？""您不来一杯咖啡吗？"等。这些话都表征询，主动关心别人，既热情，又有礼貌。要帮助别人做些事，当然是好事，但即使如此，也还是要先征询一下对方的意见，以免热情过了头。

（六）应答用语

应答语，是指客运服务人员在工作岗位上为旅客服务时，用来回应旅客的招呼或者在答复其询问时，所使用的专门用语。

在客运服务工作中，客运服务人员所使用的应答用语是否规范，往往直接反映他们的服务态度、服务技巧和服务质量。客运服务人员在使用应答用语时，要做到：有问必答、灵活多变、热情周到、尽力相助、不失恭敬。应答用语主要有以下三种形式。

1. 肯定式应答用语

它主要用来答复服务对象的请求。重要的是，一般不允许客运服务人员对服务对象说"不"字，更不允许对其置之不理。这类应答语主要有"好的""好的，我明白您的意思""很高兴能为您服务"等。

2. 谦恭式应答用语

当旅客对被提供的服务表示满意，或是直接对客运服务人员进行口头表扬、感谢时，一般宜用此类应答语进行应答。这类应答用语主要有:"请不必客气""这是我的荣幸""这是我们应当做的""请多多指教""您过奖了"等。

3. 谅解式应答用语

在旅客因故向自己致以歉意时,应及时予以接受,并表示必要的谅解。比如:"不要紧""没有关系""不必不必""我不会介意的"等。

(七)致歉用语

在工作中,因种种原因带给他人不便,或妨碍、打扰对方时,客运服务人员必须及时地向对方表达自己的歉意。对于道歉语的使用,不要羞于启齿,不论在谁面前,该道歉时就道歉。一句道歉语也许就能化解可能出现的冲突。最常用的道歉语主要有:"抱歉""对不起""请原谅""失礼了""不好意思了""很是惭愧""真过意不去"等。

三、服务语言禁忌

(一)急躁

是指客运服务人员在与服务对象交谈时,语气上显得焦急、暴躁、激动或者不耐烦。如:"抓紧时间""快点,我还有别的事呢!""走不走?""你上不上?"等。

(二)生硬

是指客运服务人员在与旅客交谈时,语气上显得勉强、生冷、僵硬,或者不够柔和。如:"着什么急?""不知道""等着!"等。

(三)轻蔑

是指客运服务人员在与旅客交谈时,语气上显得轻狂、歧视、怠慢、傲慢或者失敬于人,如:"知道吗?你""你看清价格再说""这又不是自由市场,还能还价?"等。

任务3 各岗位客运人员服务用语

一、与旅客交谈的方式

(一)基本要求

(1)与旅客交谈时,要面对对方,保持适当距离(45~100厘米)。
(2)站姿端正,可采取稍弯腰或下蹲等动作来调节身体的姿态和高度。
(3)目光要注视对方的眼睛,以示尊敬。要注意听取对方的谈话,不可东张西望。
(4)口齿清楚、语气温和、用词文雅、简洁适中、态度诚恳,给对方以体贴信赖感。
(5)如果不得已需要打断旅客说话时,应等对方讲完一句话后,先说"对不起",再进行说明。

（6）无意碰撞或影响了旅客，应表示歉意，取得对方谅解。

（7）为旅客发送物品时，应主动介绍名称，严格遵循发放原则：先左后右、先里后外、先宾后主、先女后男。

（8）对旅客提出的合理要求，应尽量满足，不能做到时，应耐心解释。

（9）应允旅客的事情，一定要落实，要言而有信。

（10）不打听旅客的隐私，特别是旅客的年龄、薪金收入、衣饰价格等。

（二）有助于表现专业形象的说话方式

声音柔和而清晰并具有亲和感，语言简单明了，语速快慢适当，音量高低适中，说话时不做其他事情，特殊情况下可使用方言。

不应有的说话方式：

（1）语言平淡、气氛沉闷，使用过于专业的术语，使用责怪的口吻甚至粗鲁的语言。

（2）随意打断旅客的说话，表现出厌烦的情绪和神色，边走边讲或不断地看手表，手放在口袋里或双臂抱在胸前，手扶着座椅靠背或坐在扶手上。

（3）谈论与工作无关的事情，与旅客嬉笑玩闹，对旅客评头论足。

（4）讲好普通话：避免使用方言土话、行话。

（5）语言要准确：避免没有依据的道听途说。

（6）语言要文明：杜绝脏话和不文明用语。

二、岗位服务用语

（一）迎宾服务岗位

1. 旅客进站时

（1）"您好，欢迎光临"或"欢迎到本站乘车"。

（2）新年或过年时："新年好""春节好""节日快乐"。

2. 巡视服务时

（1）请到售票窗口购票、请到退票窗口办理退票手续。

（2）请到×号门检票乘车。

（3）您需要帮助吗？

（4）请跟我来。

（5）请慢走、您慢走。

（二）售票服务岗位

1. 旅客购票时

（1）您好，请问到哪里？

（2）您需要的是，今天（或×月×日）×时×分开往×××的×张车票，票价××元。

（3）收您×××元，找您××元，请当面点清。
（4）请拿好车票。
（5）请到×号门检票乘车。
（6）对不起，本站没有直达×××的列车，您可以到×××站乘车或在本站购买×时×分开往×××的列车，下车后再转车。
（7）对不起，该班次车票已售完，您可买×时×分的车票。
（8）您的孩子已超过免票（半票）规定，请购买半票（全票）。

2. 旅客退票时

（1）您好，退票需要收10（20）%的手续费，您确定退票吗？
（2）原票价×××元，扣除手续费××元，退××元，请拿好（钱）。
（3）欢迎下次再来本站乘车。

（三）候车服务岗位

1. 提醒旅客安全、文明候车时

（1）请保管好您的随身物品。
（2）请不要把行李放在过道上。
（3）对不起，您的行李超过免费携带规定（尺寸或重量），请办理托运手续。
（4）请看管好您的孩子。
（5）请到吸烟区抽烟。
（6）请不要随地吐痰，请不要乱扔果皮。
（7）请不要躺在椅子上。

2. 征求旅客意见时

（1）请对我们的服务多提宝贵意见。
（2）您提的建议很好，谢谢您。
（3）请原谅，由于我们的失误，给您添麻烦了，我们一定改进。

（四）寄存服务岗位

1. 旅客寄存行李时

（1）您好，寄存行李每件每天收×元，请在×时×分前提取。
（2）请问，您的行李内有易碎品吗？
（3）您的行李内有贵重物品吗？
（4）对不起，按规定，贵重物品需要自己保管，不能办理寄存，请理解。
（5）对不起，请打开您的行李箱，我们需要进行安全检查，谢谢合作。
（6）请保管好寄存凭证，凭证提取行李。

2. 旅客提取行李时

（1）您好，请出示您的寄存凭证。

（2）这是您的行李，请清点，请拿好，慢走。

（五）安检服务岗位

1. 引导员服务用语

（1）（用手指着行包安全检查设备的进口）请把行包放上。
（2）为了您的安全，请接受行包安全检查。
（3）对不起，手提包也要检查。

2. 安检员服务用语

（1）请打开您的行包，接受安全检查。
（2）您好，您的×××（物品）按规定不能携带乘车，您可以拿回去，或者由我站代保管，等您回来后再取回，您也可选择放弃该物品；您携带的危险品应交公安部门处置，请予以配合。
（3）您好，这是我站代保管的凭证，请您在一个月内取回。
（4）（没有禁带品时）谢谢您的配合，祝您旅途愉快。

（六）咨询电话岗位

1. 接听旅客咨询电话时

（1）您好，×××铁路局集团公司×××号为您服务。
（2）您好，×××铁路局集团公司。

2. 接听电话后旅客无应答时

您好，×××铁路局集团公司（两次），对不起，听不到您的声音，请您稍后再拨。

3. 应答旅客电话中所咨询业务问题时

（1）好的，请稍等，我马上为您查询（或处理）（在查询过程中有意识地将旅客咨询的问题进行重复）。
（2）（如因客观原因查询工作进行缓慢时）对不起！让您久等了。我正在为您查询您所需要的班次情况。
（3）对不起！由于线路原因，暂时不能为您查询。请您15分钟后再拨。如果方便的话，请留下您的联系电话，故障排除后，我会及时与您联系。

4. 旅客所需服务或投诉为其他单位时

（1）您好，您刚才讲的属于×××单位，我现在告诉您他们的电话，您可以直接与他们联系。
（2）您也可以留下联系电话，我们会告知×××单位给您去电。

5. 接到旅客投诉电话时

（1）您好，您所反映的情况已经记录下来，我们会尽快核实，方便的话请您留下联系电话，我们会在×天内给您答复。

（2）我给您的讲解不知您是否满意，如果不满意，您还可拨打我公司服务质量监督电话××××××。

（3）谢谢您对我们的工作进行监督。

（4）欢迎您再次拨打我们的电话，再见。

（七）检票服务岗位

1. 提醒旅客检票时

旅客朋友们，你们好！×时×分开往××方向的列车，马上开始检票了，请拿好您的随身物品，到×号门依次排队等候检票。

2. 办理旅客检票时

（1）旅客们，你们好！×时×分开往××方向的列车，现在开始检票，请到×号门检票上车。

（2）对不起，您乘坐的不是这趟列车，请在座椅上休息，注意我们的广播。

（3）先生/女士：您好！请您出示一下您的车票，谢谢！

3. 催促旅客检票时

旅客朋友们，你们好！×时×分开往××方向的列车，马上就要开车了，请还没有上车的旅客赶快到××号门检票上车。

4. 发车前安全喊话

（1）旅客朋友们：你们好！欢迎您乘坐本次列车。本次列车是×时×分开往××方向，沿途停靠××、××站，请旅客们核对自己的车票，以免乘错车。

（2）旅客朋友们：你们好！为了行车安全，动车全程禁止吸烟，行包中严禁夹带危险品和禁带品，谢谢合作。祝您旅途愉快，一路平安。

（八）乘务员服务岗位

1. 常用语

（1）乘客们，你们好！本次列车始发站为××站，发车时间为××时间，终点站为××站，抵达时间为××时间。

（2）上车的旅客请往里走，请保管好自己的行李物品。为了您和他人的安全，大件行李、铁器、锐器、易碎品、杆状物品及重物请摆放到大件行李摆放处。

（3）为了保持车厢整洁，请不要将瓜、果、壳扔在车内，车上备有垃圾桶。

（4）为了您和他人的健康，车厢内请不要吸烟，谢谢合作。

（5）女士/先生！您好，如果您需要接取热水，请到列车连接处电茶炉，按红色按钮取水，注意安全，不要接得过满，盖好您的杯盖。

2. 必用语

（1）乘客们，你们好，我是××车乘务员，欢迎乘坐××次列车。

（2）您好，请出示您的身份证及车票，谢谢；谢谢，请收好（见图6-3-1）。

图 6-3-1　乘务员查票

（3）女士/先生，对不起，根据铁路规章，您需要补交票款/差价/携带品运费。谢谢您的配合。女士/先生，请出示您的车票，如果您没有来得及买票，可以办理补票手续。

（4）××站马上就要到了，有下车的乘客，请做好下车准备，随身携带的行李、物品请不要遗忘在车上。

（5）列车靠站，注意安全，请不要拥挤，先下车，后上车。

（6）××站到了，请下车，开门请当心，欢迎再次乘坐。

（7）各位乘客你们好，下站是本次列车的终点站，感谢大家一路上对我们工作的支持与配合，欢迎您下次乘坐。

知识拓展

客运服务人员主动服务礼貌用语

"您好，您照相时不要靠近车体，请注意安全。谢谢您的配合。"

"客运员（客运值班员）您好，6号车厢外有旅客照相，请协助我做好安全提示，谢谢。"

"您好，请不要接水过满，以免烫伤。"

高铁服务员岗位用语实训练习内容及评价标准

服务用语场合	服务用语内容	标准
1. 迎送旅客	1. 您好,欢迎乘车,注意脚下安全,小心站台空隙(落差)。××号车厢在×手边。 2. 请慢走,注意脚下安全,注意站台空隙,欢迎下次乘车!/再见!欢迎再次乘车!	1. 能够运用清晰、流利、标准的普通话进行训练。 2. 分小组进行实操练习,教师指导,纠正学生发音。 3. 带入情景模拟中进行演练
2. 摆放行李	1. 女士/先生,您好,请将行李放入大件行李区。 2. 女士/先生,您好,请问这个行李是您的吗?这个行李超出行李架太多,为了您和其他旅客的安全,请您放在车厢最后一排座席后面或者车门口的大件行李区,途中到站时请留意,以防其他旅客错拿行李,下车时不要遗忘在列车上,感谢您的配合	
3. 设施设备及安全提示	1. 女士/先生,您好,打扰了,列车上小桌板只能承载轻质物品,请您爱惜车上的设施设备,感谢您的配合。 2. 您好,衣帽钩承重有限,仅限于挂衣服和帽子,您的包可以放行李架上,感谢您的配合。 3. 女士/先生!您好,您接开水的时候要持续按压红色按钮,但是不要接得太满以免烫伤自己或他人。摆在小桌板上的开水要注意拧紧杯盖,不要让小孩接触。 4. 先生(女士,小朋友),请不要触碰车上的安全设备,以免发生意外。感谢您的配合。 5. 先生,您好!高铁动车组列车全列禁烟,为了您和他人的安全,请不要在列车上任何区域内吸烟,感谢您的配合!	
4. 验票	1. 各位旅客,列车现在开始验票,请您出示车票及身份证。请收好。 2. 女士/先生,对不起,根据铁路规章,您需要补交票款/差价/携带品运费。谢谢您的配合。 3. 女士/先生,请出示您的车票,如果您没有来得及买票,可以办理补票手续。 4. 女士/先生,您的孩子身高已经超过1.2米了,请您为孩子购买儿童票/您的孩子身高已经超高1.5米了,请您为孩子补票	
5. 晚点/到站	1. 很抱歉,由于天气或××原因,我们的列车晚点了,我们会及时为您提供最新消息。 2. 各位旅客,××站快要到了,请下车旅客提前做好准备,到车厢两端车门等候	

项目 7 高铁站车服务礼仪

高速铁路客运服务不仅关乎铁路的企业形象,更直接影响着铁路工作的成效乃至跨越式发展战略的实施,具有极其重要的社会意义和经济意义。

高铁站车服务礼仪泛指铁路一线服务人员在工作岗位上应该严格遵守的行为规范。高铁站车服务人员学习服务礼仪具有多方面的意义。其一,有助于提高服务人员的自身素质。其二,有助于更好地对服务对象表示尊重。其三,有助于进一步提高服务水平和服务质量。其四,有助于塑造并维护企业的整体形象。其五,有助于企业创造更好的经济效益和社会效益。

案例导入

2015 年元月,旅客王先生夫妇乘坐高铁从北京去往上海。在途中,王夫人向乘务员要了一杯咖啡。但当乘务员将咖啡端到王夫人面前时,发现夫妇二人均已睡着,且王夫人将其黑色貂绒大衣盖在身上以取暖,她就把咖啡放在小桌板上。当王夫人醒来时,一不小心将热咖啡打翻在其貂绒大衣上。事后得知,该貂绒大衣非常昂贵,目前市场价值在 20 000 元以上。事发后,王先生立即打电话投诉,并提出如无法恢复到原样,就要求赔偿。

案例分析

乘务员什么地方做得不妥?

任务 1 动车组列车乘务服务礼仪

本任务课程思政教育案例扫码观看

高铁乘务员服务礼仪动画扫码观看

乘务工作是铁路运输服务中直接面对旅客服务的窗口,它直接代表着中国铁路的形象。在激烈的市场竞争中,乘务员服务质量的好坏,是影响旅客列车服务质量的重要因素。乘务工作的主要担任者即为乘务员,乘务员在车上不但要为旅客提供热情周到的服务,更重要的是提供车上安全的保证,其言谈举止、服务态度是旅客乘坐列车的第一印象,在一定程度上体现了铁路运输的服务水平。乘务员只有提高自身文化修养,掌握丰富的专业知识和服务技巧,努力学习掌握不同旅客的不同服务需求及心理特点,才能做好乘务工作。

一、动车组列车乘务服务要求

(一)服务无小事

在现实生活中,人们对于小问题往往采取迁就、宽容的态度。有些小事可能旅客并不在乎,有些需求可能连旅客本人都没有意识到,但如果客运人员能够洞悉这些需求并满足他们,不仅能给旅客带来更多的满意、更大的惊喜,而且企业赢利的期望,员工自身发展的期望也都可以在这些小事中得到实现。因而在客运服务中应以另外一种态度和做法对待小事,即"小题大做"。

> **阅读材料**
>
> 客运人员不能留长指甲、涂指甲油,不能戴首饰,头发不能过肩;见到旅客要使用敬语问好打招呼;旅客交办的事情要想办法解决,不能说"不";按规范作业,操作轻、走路轻、说话轻;台布不能有洞……在外人看来,这些好像都是鸡毛蒜皮的小事,但对这些小事专注投入的程度足以反映高速铁路客运服务的质量好坏以及管理水平的高低。说对"小题大做"的意识不足,实质上就是服务意识不强,如果每位员工都认真对待"小题大做",那么服务工作的质量就有保障了。

(二)服务方式

1. 主动服务

在服务过程中做到"四主动"。即主动问候,主动征询,主动提示,主动帮扶和关注细节、主动服务。

2. 关爱服务

关爱饮食、关爱休息、关爱文娱。

3. 发现服务

发现重点、发现需求、发现不满、发现遗失。

4. 延伸服务

个性服务:主要是对孕、盲、残、受伤等类型的特殊旅客提供重点服务,进行关爱。

一站式服务:对有特殊需求的旅客,实现车上与车下、站内与站外服务的衔接。

超值服务:提供优质服务,服务质量超过旅客预期。

补救服务:因列车晚点、故障或因服务失误给旅客带来不便,要及时采取措施进行补救,以消除不满,将影响减至最低。

小贴士

加热牛奶服务

（1）出售早餐时，服务员温馨提示旅客牛奶是否需要加热。
（2）加热牛奶时，服务员将牛奶倒入纸杯中，微波炉加热 2 分钟即可。
（3）温馨提示旅客不要空腹饮用牛奶。
（4）服务员将加热好的牛奶送至旅客乘坐车厢。

二、动车组列车乘务服务礼仪

高速铁路客运服务，应最大限度地满足旅客在旅行中的物质、文化生活等方面的需求，要树立全心全意为人民服务的思想，坚持"全面服务、重点照顾"的原则，文明、礼貌地为旅客提供优质服务。始发站检票前，乘务员应做好各种准备工作，严守车门，扶老携幼，迎接旅客。开车后，乘务员按作业过程进行工作，态度应主动、热情，语言文明，表达得体、准确，举动稳重、大方，处理问题机动灵活、实事求是。到站前及时准确通报站名，组织旅客安全上下车。

（一）迎送乘客服务礼仪

（1）乘客上、下车时，需要在车门前立岗接待乘客，并主动点头问好、再见："您好，欢迎乘车。""期待您下次乘车，再见。"
（2）上、下车乘客较拥挤时，应礼貌地提醒乘客："您好，请您按顺序上、下车，谢谢。"不可大喊大叫训斥乘客。
（3）当遇到老年乘客、行动不便或行李较多的乘客时，应主动提供帮助。

（二）车厢服务礼仪

1. 引导乘客入座礼仪

很多乘客乘车经验较少，上车以后会因为人多拥挤或找不到自己的位置而心情烦躁，客运服务人员应该进行必要的引导（见图 7-1-1）。当乘客找不到自己座位时，要主动上前提供帮助，引导乘客对号入座，如果有乘客坐错位置了，需要礼貌地提醒："您好，麻烦您核实一下车票的座位号，谢谢"或"您好，我可以看一下您的车票吗？"绝不能直接埋怨乘客。如果车站售票出现重号，造成一方无座时，首先需要代表企业道歉，请求乘客的原谅，并及时解决乘客的座位问题，必要时可以将乘客引导到餐车。绝不能置之不理，更不能推卸责任："这是车站的问题，你们自己协调，我没法解决。"

2. 送水服务礼仪

客运服务人员送水时，要注意安全，不要烫伤乘客。倒水前，需要征求乘客的意见，问其是否需要。倒水时，不要握着杯口，这样会让乘客感觉很不卫生。不要倒得过满，防止开水溅出烫伤乘客。倒完水后，要将乘客的杯子放到原来的位置，以防乘客拿错水杯。拿水杯时，应该手握住水杯把（无把手水杯应拿水杯下部 1/3 处），一手轻托水杯底部。如果不小心将水溅到乘客身上或物品上时，应立即擦拭干净，并向乘客道歉（见图 7-1-2）。

图 7-1-1　乘务员引导乘客

图 7-1-2　乘务员为客人服务

3. 提醒服务礼仪

（1）提醒乘客下车。

客运服务人员需要提醒乘客及时下车，尤其是在夜间行车时，如果有乘客在中途下车时，要提前轻声地唤醒乘客，避免打扰其他乘客休息。

（2）提醒乘客不要抽烟。

现在的动车都是"无烟列车"，每站开车需进行"全程全列车禁烟"广播，巡视车厢若看到有旅客想要吸烟需及时制止，告知吸烟后果，切记不要训斥和教育乘客。提醒服务远远不止这些，只要客运服务人员多一份责任心，多提醒一次，就会给乘客带来更多方便，减少很多不必要的麻烦。

4. 验票补票服务礼仪

查验票时，要礼貌当先："请出示您的车票，谢谢。"绝不能使用"查票了，把票都拿出来"等冷漠的语言。当有乘客睡着时，要轻声地唤醒乘客，或过后检票，切忌出现推、摇等接触乘客身体的行为。如遇到不理睬、不配合的乘客时，要礼貌地提醒："请出示您的车票，如果您上车之前没有来得及买票，车上可以为您办理补票，以免在出站时给您带来麻烦。"在验票补票时，要建立在尊重乘客的基础上，决不能有"终于让我逮着你了"的心态。对于没有票的乘客，绝不能将话题引到乘客的品德、修养上。

> **知识拓展**
>
> 日常乘务工作注意事项
>
> （1）乘务员在站台验票时，如遇其他乘客询问其所持车票车厢位置，而此时上车旅客较多，应用礼貌手势示意该乘客方向，忌不理不睬。
>
> （2）乘务员及列车长不得以任何理由在站台上奔跑，遇有紧急情况应加快脚步，快走前行。
>
> （3）乘务员在车厢内遇到领导时要说"您好"，不要直接称呼人名，不要跟随领导，应正常作业，当有领导离开车厢时，目送领导。当领导询问时，要放下手中工具，热情回答。
>
> （4）列车晚点要及时通告，超过15分钟时，列车长要代表铁路通过广播向旅客道歉，并积极做好服务工作。
>
> （5）餐车供餐时，列车工作人员不得在餐车逗留、闲谈、占用座席，不得陪客人用餐。乘务员以旅客为中心，旅客动，我勤动；旅客静，我少动；旅客睡，我轻动。

三、动车组列车服务质量标准

（一）乘务人员仪容仪表标准

乘务人员仪容仪表标准如图7-1-3所示。

1. 发型

头发应干净无头屑，发色应为自然黑色，不得挑染彩色。佩戴统一的头饰，位置统一，以正面看不到发卡为宜，不剪刘海，散发和碎发用摩丝、发蜡定型，做到美观、自然、整齐、利落。

2. 仪容

整体妆容淡雅，自然大方，不得佩戴任何饰物，体现职业风范。保持手部清洁，洗手后，要用护手霜以保持手部润滑。指甲的长度从指尖看，以不超过2毫米为宜，各手指指甲长度应保持一致，指甲油的颜色选择透明色。佩戴走时准确的手表，款式简洁统一。

图 7-1-3 乘务人员仪表仪容标准示意图

3. 制服标准

执行服务任务前,制服必须清洗定型,整体着装干净整洁、无污渍,熨烫平整无褶皱,穿着合体,扣子全部扣好。制帽、帽徽端正,统一戴在齐眉毛一指处。丝巾熨烫平整,统一佩戴。

4. 符号标准

职务标志应佩戴于左胸上方,与上衣第二颗纽扣平行。佩戴臂章时,臂章上缘在左袖肩下四指处。列车长臂章应端正地用别针固定在规定位置,不可用松紧带套于臂上,并保持洁净。

5. 丝袜标准

夏天着裙装时,统一穿着肉色连裤丝袜,穿着丝袜时应绷紧拉好,无跳丝和松弛,如有损坏应及时更换,并随身携带一双备用丝袜。

6. 皮鞋标准

皮鞋应光亮,无污渍、尘土,随时保持光洁。皮鞋应穿着统一配置的款式,不得有任何装饰物,保持光亮无破损。

7. 对讲机标准

出乘时保证对讲机电池电量充足,对讲机统一佩戴在马甲腰间右侧位置。耳机统挂在右耳,耳麦夹于马甲第一个纽扣位置,耳麦连接线置于马甲里面不外露。使用规范用语,不得谈与工作无关的事(见图 7-1-4)。

(二)乘务人员行为举止标准

(1)行走、坐立姿态端正;立岗姿势规范、精神饱满。

图 7-1-4　乘务人员使用对讲机示意图

（2）在旅客多的地方行走时要先示意后通行，与旅客走对面时要主动让路，不与旅客抢行。

（3）挪动旅客物品时，应征得旅客同意。

（4）夜间作业、行走、交谈、开关门要轻；运行中，工作人员不应影响旅客使用洗脸间；餐车供餐时，工作人员不应在餐车逗留、闲谈、占用座席、陪客人就餐；及时提醒旅客做好下车准备。

（5）工作中行走、站立姿态端正。不叉腰、背手、抱膀、插兜，不高声喧哗、嬉笑打闹、勾肩搭背，不在旅客面前吸烟、吃食物、剔牙齿、挖耳孔、使用手机和出现其他不文明、不礼貌的动作。

（6）遇到客人路过，应微笑点头示意问候。在旅客多的地方行走要先打招呼，不与旅客抢道、并行，与旅客走对面时要主动示意让路，如有急事要打招呼"对不起，我能否先走一步"，客人同意后，侧身通过。旅客问询时，要面向旅客站立回答。

（7）售饭、售货人员必须使用专用车辆，不准在车内高声喧哗叫卖，不得干扰旅客。

（三）乘务人员态度标准

（1）全面服务应做到"三要""四心""五主动"。

三要：接待旅客要文明礼貌，纠正违章要态度和蔼，处理问题要实事求是。四心：接待旅客热心，解答问题耐心，接受意见虚心，工作认真细心。

五主动：主动迎送旅客，主动扶老携幼，主动解决旅客困难，主动介绍旅客须知，主动征求旅客意见。对旅客不同需求提供相应服务。

（2）对旅客不同的需求提供相应的服务，重点照顾应做到"三知三有"。

三知：知座席、知到站、知困难。

三有：有服务、有登记、有交接。

（3）各车厢公布服务监督电话，乘务员对旅客投诉问题落实"首问首诉负责制"有关要求。

（4）给旅客造成损失或发生意外伤害时，要本着对旅客负责的态度，以公正、诚实、守信的原则，按有关规定妥善处理。

（四）乘务人员的礼貌礼节标准

（1）不当着旅客的面吸烟或吃东西。

（2）当班不离岗、串岗，闲聊，交头接耳。

（3）旅客有事召唤服务，不能高声应答，旅客距离较远时，先点头示意，立即前去服务。

（4）请让客人时，应首先关照老年人、妇女、儿童和残疾人。

（5）尊重各民族不同习俗。了解我国少数民族及中国主要客源国的风俗习惯，尊重他们的忌讳，避免引起客人误会。

（6）引导客人时，应在左前方相距两三步远处，随客人步伐轻松前进。遇到台阶、转弯处、障碍物时，回过头来，主动提醒客人。迎客走在前，送客走在后。

（7）给客人递送物品，均用托盘。递送前，要进行检查：有没有水迹，摆放位置如何，各种标识是否符合要求。若茶杯有花纹图案，带图案的面要面对旅客。注意观察客人的习惯用手方向，将茶杯的杯把转向客人的习惯用手一侧45°，方便客人使用。

（8）为客人服务时，不要抓头、挠痒、剔牙、抠鼻子、打喷嚏。如要打喷嚏，应用手帕捂着嘴，侧向一边，把音量降到最低。

（9）客人没有离开时，不得擅自离岗，更不许提前做清理物品和打扫卫生等结束性的工作。

任务 2　铁路车站客运服务礼仪

案例导入

成都东站地处成都市东南部，是西部规模最大的火车站。在这里，有这样一群普通的铁路客运工作者，她们兢兢业业坚守每一天、踏踏实实做好每一件事，在自己的工作岗位上无私奉献，用微笑服务每一名旅客，用微笑感染身边的每一位同事，图7-2-1是成都东站"游佳服务岗"。

2015年10月的一天，记者来到成都东站，采访了"游佳服务岗"中的游佳。整个采访都是在她工作的空隙间进行的，在采访过程中，游佳的对讲机和服务岗的电话响个不停，游佳告诉记者："一天下来，和同事一起接打的电话就有1 000来个。"

谈起"游佳服务岗"的日常工作，游佳向记者介绍说："成都东站内有14个站台面以及5.7万平方米的候车大厅，姐妹们每天在东站候车大厅和站台不停地穿梭。"每天6、7个小时不停地走动，她们如同一个移动的服务台，走到哪里，就会把热情和微笑带到哪里。她们经常要加班加点，特别是暑运、春运和多个小长假客流高峰期，她们更是早来晚走，有时连续几天都没有休息时间。

项目 7　高铁站车服务礼仪

 案例分析

铁路客运服务员辛苦工作的意义。

一、铁路车站客运服务概述

铁路车站是铁路网的重要组成部分，是铁路与城市的结合点，以往它主要是办理旅客乘降等客运业务和旅客列车到发整备等技术作业的场所，而今已发展成为城市和区域的综合交通枢纽和现代化客运中心，在城市发展中的地位、作用和影响发生了根本性的变化。伴随着动车组的开行，现代铁路客运站既要突出铁路功能，满足旅客的方便、快捷、舒适乘车的要求，又要满足城市发展需求和综合交通协调发展的要求。

（一）车站客运服务礼仪的内容

铁路车站客运人员是指车站在售票窗口、候车室、进站通道、旅客站台等处为旅客提供服务、保障安全的工作人员，其主要工作职责是指客运人员对车站旅客购票、乘降、出站的安全、服务所承担的责任。

车站服务礼仪包括售票处服务礼仪、候车厅服务礼仪、贵宾室服务礼仪、站台服务礼仪、出站口服务礼仪等。

（二）车站客运服务礼仪的意义

车站服务礼仪对于提升服务质量、展示铁路形象、满足旅客需求具有重要意义，这就要求铁路客运服务人员在为旅客服务时要有良好的态度，要不卑不亢、礼貌热忱，微笑发自内心。候车室内每天人来人往，旅客看到客运服务人员 7 秒后就产生了对他的第一印象，旅客感知到的每个细节，都会影响他们对车站服务的看法。客运服务员应牢记自己代表的是铁路的形象。

1. 良好的仪容仪表是车站服务形象的表现。

车站服务工作的特点是直接面向旅客为其提供服务，来自四面八方的旅客对为其服务的工作人员会留下直接而深刻的印象。良好的仪容仪表会产生积极的宣传效果，在一定程度上，车站服务人员的仪容仪表反映了一个组织团体的服务形象和管理水平。

2. 良好的仪容仪表是优质服务的表现。

服务人员的仪容仪表能满足旅客视觉美方面的需要，同时又使他们感受到优质的服务，自己的身份地位得到应有的承认，求尊重的心理也会得到满足。

3. 良好的仪容仪表是车站管理水平的表现。

服务人员的仪容仪表不仅反映了铁路的经营管理者的管理理念和管理水平，而且也通过个人形象的直接展现，体现出铁路工作者的自尊自爱。

（三）车站客运服务礼仪的基本要求

1. 仪容仪表

车站服务人员必须注重个人的仪容仪表和风度，这是由其工作性质决定的。要求工作时精神饱满、仪容整洁、举止大方、表情自然。根据国铁集团旅客运输服务质量标准要求，车站服务人员有以下着装要求：

着装要做到统一规范，整洁大方，佩戴职务标志；胸章（长方形职务标志）佩戴在上衣左胸口袋上方正中，上衣左胸无口袋时，佩戴在相应位置；臂章（菱形职务标志）佩戴在上衣左袖肩下四指处；车站女工作人员可淡妆上岗（见图 7-2-1）。

铁路站车客运工作人员服务礼仪动画扫码观看

图 7-2-1　女性站务员仪容仪表示意图

2. 服务用语

在铁路客运服务中，我们要用礼貌用语。礼貌用语是服务性行业的从业人员在接待宾客时使用的礼貌语言。它具有体现礼貌和提供服务的双重特性，是服务人员用来与宾客进行信息沟通的重要的交际工具，是优质服务的一种体现形式。

在服务用语上，客运车站服务人员要谈吐文雅、语言轻柔，语调亲切甜润，音量适中，讲究语言艺术。

3. 服务态度

在服务态度上，客运车站服务人员要诚恳、热情、和蔼、耐心。

微笑，可以和有声的语言及行动相配合，起到"互补"作用，充分表达尊重、亲切、友善、快乐的情绪。微笑服务更是优质服务中不可缺少的内容。

在铁路旅客服务过程中，微笑必须贯彻全程。与旅客交流时首先就应露出微笑，而且绝不会因为旅客的不佳反应而改变微笑的面孔。

4. 行为举止

在行为举止上，客运车站服务人员要表现得动作优雅，彬彬有礼。

在车站客运服务中，服务工作人员要以礼待人。在职业道德修养、文化知识修养、心理素质修养和行为习惯修养等方面，提高自己的水平，提高自己的自我控制能力，勤学苦练，自觉调整，养成良好的行为习惯。

二、铁路车站客运服务人员岗位礼仪规范

（一）售票服务礼仪规范

售票处是客运车站的重点工作部门。小小的车票，连着铁路与旅客的情感，渗透着铁路对旅客的责任。当旅客来到售票厅，宽敞的大厅、先进的设备、明亮的窗口、清新的环境，让旅客耳目一新。售票员若能用亲切、轻柔的声音向他问好，用准确快捷的服务为客人售票，定会给其带来美好的回味。

（1）窗口售票员坐姿应规范，售票时应用亲切、大小适中的声音向旅客问好，同时准确地为旅客售票。如遇售票高峰，应用简练的语言配合熟练的电脑操作，快捷而准确地售票，以减少旅客排队等候的时间。

（2）售票时，应做到热情周到。对反复问话、耽搁较多时间的旅客，不要表现出厌恶情绪，不能对旅客说："到底买不买？不买别碍事！"或者干脆说："没有了！卖完了！不知道！"把旅客打发走，这会给旅客留下极坏的印象。严禁与旅客发生口角，这样做会对铁路企业形象带来严重损害。

（3）如果旅客没听清自己所讲的话，应加大一点音量并稍加解释。如果听不清楚旅客所讲的话，可以把纸笔递给他，让他把相关要求写在上面，以免误售车票。

（4）客流量较大、票额紧张、某车次车票已售完时，应替旅客着想，向旅客推荐其他车次，可对旅客说"对不起，××车次已售完，但去往上海方向的还有 xx 次车，时间都差不多，您可以考虑一下。"或者说："对不起，去往上海方向的车票已全部售完，您可以选择在南京中转。"

> **阅读材料**
>
> 能熟记经过西安始发和通过的 147 趟列车，795 个停站点，890 个停点时刻，"话音落、车票出"等已成为李聪的必备技能。
>
> 1 小时默画全国铁路结算站示意图，一年为旅客推荐换乘方案近 2 万次。一把尺子，红、蓝两支笔，李聪在一个小时内就能画出的全国铁路结算站示意图到底是什么？在这张图上，有 807 个站名、343 个线名、606 个结算站、201 个非结算站，线路与站点密密麻麻交织在一起。哪条线与哪条线可以接续换乘，哪个站点列车换乘的时间最少都在这张图上。
>
> 假如一位旅客要购买前往淮南的车票，但是从西安站直达淮南的车票已经售完，这时就需要李聪快速为旅客推荐出最优换乘方案，而李聪靠的就是脑子里的这张图。粗略估算了一下，李聪一年就要为旅客推荐换乘方案近 2 万次，为旅客节省不少时间和钱。

其实除了能默画全国铁路结算站示意图，涉及铁路工作的客规、价规、细则一共84页A4纸的内容，李聪都一样能倒背如流。而李聪也从不吝啬将自己的经验分享给同事，她还整理了《中英文售票对话100句》，方便同事们更好地服务外籍旅客（见图7-2-2）。

图7-2-2　西安火车站售票员李聪

（二）安检服务礼仪规范

"一路平安！"是人们出行常说的一句祝福语。安检查危是守护旅客旅途安全的第一道防线，安检员作为车站的"守门人"，注意力必须保持高度集中，反应速度也要快，要对行李经过安检仪生成的图像仔细查看，通过行李X光图像颜色或形状快速判断出哪些是危险品，哪些是限制运输物品，对于一些无法判定成分及性质的可疑物品，要求旅客开箱进一步检查，全力做好"关卡"把控。安全顺利地到达目的地，既是每一位旅客的共同心声，也是我们铁路运输部门肩负的责任。

（1）安检引导员应采用规范的站姿立岗，使用文明用语，请旅客主动出示有效身份证件及车票，同时主动伸手帮旅客把大包、重包放到安全检测仪上或抬到桌上进行检查。

（2）根据客流情况对旅客予以分流，以便旅客能够尽快接受安检。引导前一位旅客安检的同时，提醒下一位旅客做好准备，以加快安检工作速度。

（3）安检过程中，对旅客携带物品有疑问时，安检处置员最好不要当着其他旅客的面检查包内的违禁品，应把包拿到一旁，因为一旦查出来会让旅客感到难堪，触犯他的自尊，有时会引起旅客的逆反心理。

（4）安检处置员查包时态度应和蔼，使用文明用语。查包时对旅客的包裹要轻拿轻放，以免损坏。查包时应尽量由旅客自行打开，女包女检。安检处置员查包时，应有公安人员在场监督。

（5）安检处置员若发现违禁品，应保持平和的心态，耐心、和蔼地向旅客详细指出哪些物品属于违禁品，及时将违禁品没收，严禁旅客将违禁品带进站、带上车。若未发现违禁品，应当立即对旅客的支持表示感谢。

（6）安检处置员查包完毕后，要将包内物品按照原来的摆放顺序复原并拉好拉链，再主动将包裹交给旅客。

（7）安检员使用手持式金属探测器对旅客进行全方位探查，对手持式金属探测器报警时所对应的部位要进行触摸检查，要严格执行"男不检女"的规定（见图7-2-3）。

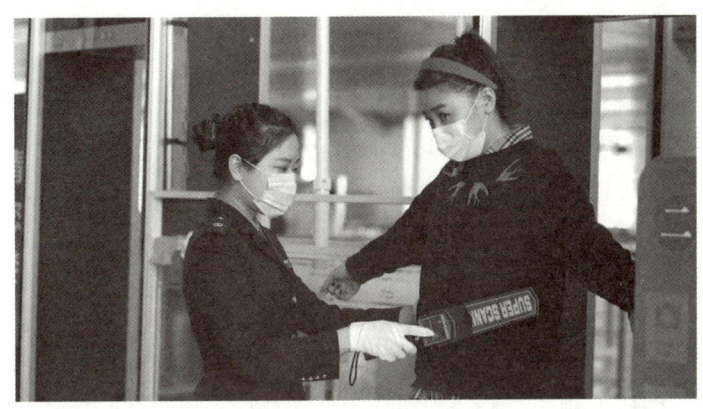

图 7-2-3　使用手持式金属探测器检查

（8）如果因安检各岗位人员工作不慎而导致旅客的物品损坏，要立即向旅客赔礼道歉，同时承担赔偿责任。

（9）安检完毕后，应向旅客表示感谢，说："对不起，给您添麻烦了，祝您旅途愉快，再见。"

（三）问讯处服务礼仪规范

问讯处是旅客求助的中心，一般车站都会设置问询处，主要解答旅客在乘车前不清楚或不明白的事。对旅客来说，车站醒目的标识成了行路的指南，尽管如此，人工服务依然必不可少。大型的火车站一般会设置服务中心或服务站为旅客提供乘车方面的问询服务，让旅客与服务人员面对面进行交流。自然流畅、文雅规范、不卑不亢的礼仪引导，无疑会给我们的客运服务工作增添无限的魅力。

（1）旅客走来时，应面带微笑地正视旅客并彬彬有礼地问上一句："您需要帮助吗？"这有利于消除旅客的焦虑和不安情绪，双方可在融洽的氛围中展开交流（见图7-2-4）。

（2）热情接待每一位中外宾客的问询，做到有问必答，用词准确、简洁明了。学会察言观色，善于利用肢体语言表达情感，以便更好地与服务对象交流。

图 7-2-4　热情接待

（3）其他岗位人员面对旅客询问时，应热情地回答旅客的提问。各岗位人员在车站内行走时遇到旅客问讯，应停下脚步，面带微笑，关切地问旅客："先生（女士），您有什么事需要我帮忙吗？"

（4）面对旅客的询问，应正视旅客，全神贯注地倾听。注意不要随便打断对方的问话，让对方把话讲完。需要插话时，应当在对方讲话告一段落后再进行。不要直接否定对方的讲话，更不要"抬杠"，如果没有听清旅客的问话，应说："对不起，请您再说一遍好吗？"不得与旅客争辩，不得出现粗俗的言语、鲁莽的举止。

（5）回答询问时要使用普通话，声音大小适中，语气要温和、耐心、愉快，回答内容要准确。应注意对旅客一视同仁，不以貌取人，以丰富的业务知识和自己的热情与真诚来赢得每位旅客的信任。当旅客向你表示感谢时，应微笑并谦逊地回答："不用谢，这是我应该做的。"

（6）解答旅客询问时，不知道的事项或不确定的事项不要信口开河，也不能敷衍应付旅客。对自己能答复的问题，绝不借口推托给其他部门解答。应严格执行"首问首诉"负责制的规定，解答或解决问题直到旅客满意为止，做到问讯工作的有始有终。要尽力给予全面、详细、准确的答复，使对方感到可信、放心、满意。

（7）当旅客咨询站外地点的方位时，应尽量清楚、详细地告诉对方怎么走，必要时可以画一张路线图。

（8）问讯处客运员在问讯服务中，应做到百问不厌、百问不倒。熟练掌握本岗位业务基础知识，多总结、多积累其他相关岗位的业务知识，对交通、旅游、购物、餐饮、住宿、医疗等相关延伸知识也应多收集、多了解，这样才能更好地为旅客服务，想旅客之所想，急旅客之所急，做到"问不倒，问不恼"。

（9）如果有多位旅客咨询，应从容不迫地一一作答，不能只顾一位旅客，冷落了其他旅客。凡是答应旅客随后再做答复的事，一定要守信用，适时做出答复。

（10）在接待旅客投诉时，首先要做到热情接待、耐心听取、冷静分析，即使对方怒气冲冲、情绪激动，甚至蛮不讲理，也不能受其影响而冲动。相反，要心平气和、善解人意、逐步引导，充分尊重投诉者的心情，尽力帮助旅客处理好事务。

（四）候车大厅服务礼仪规范

高速铁路车站候车大厅的候车环境应保持整洁明快、清新高雅，为此应讲究卫生宣传的艺术，让旅客自觉维护环境卫生。候车大厅人多嘈杂，旅客身份较复杂，文化层次相差大，客流量大，要做好文明服务礼仪，体现现代铁路客运服务的新面貌，候车大厅服务是关键而艰难的一个方面。在旅客候车的过程中，高速铁路客运服务人员在为其提供候车服务时，要注意以下礼仪规范：

（1）遇到乱扔垃圾、破坏公物的旅客，要用文明的语言进行劝阻。让旅客感受到你对他的尊重。

（2）在劝阻吸烟旅客时，要和颜悦色地说："对不起，先生，本站是无烟车站，请您到站外吸烟，好吗？"然后利用手势为其指明方向，请求其配合。

（3）通过广播宣传相关规定时，忌使用生硬的语气，如"根据××部门的规定，一不准……二不准……，否则罚款"。这种生硬的语气让人听后感觉很不舒服，甚至会使旅客产生逆反心理。

（4）可利用广播、电子指示屏等途径，进行候车服务引导，及时告知、引导旅客提前到达指定的候车、检票地点。特殊情况下，高速铁路车站客运服务人员可走到旅客的身边，主动迎候旅客，随时为他们提供服务，指引他们前往准确的检票口，这会让旅客感到铁路职工训练有素、值得信赖。

（5）随时解决候车大厅中旅客遇到的困难，做到耐心细致。

（6）应始终服务在旅客的身边，不要等着旅客去找你。

（五）贵宾室服务礼仪规范

如果说车站是铁路运输服务的"窗口"，那么贵宾室就是"窗口"中的亮点。贵宾室服务是为重要客人提供舒适、方便、快捷的一个重要岗位（见图7-2-5）。它可以引导客运服务的方向与潮流，服务质量的好坏、服务水平的高低，在一定程度上影响着铁路的整体形象。作为一名贵宾室的服务人员，更要注重礼仪修养，提高服务技能，尽情地展现铁路服务的风采与魅力。

图 7-2-5　车站贵宾室

（1）热情地招呼："您好！"或"您好，欢迎光临指导。"

（2）常用礼貌语言，除了多用"您""先生""女士""首长"等，还应多用雅语，比如，用"贵姓"来代替"你姓什么"，用"洗手间"代替"厕所"等，能体现出个人的文化素质和品德修养。

（3）当你为宾客服务或与宾客交谈时，吐字要清晰，音量要适度，以对方听清楚为宜，切忌高声讲话或大喊大叫。特别是当室内还有其他宾客的时候，大声说话是很不礼貌的。

（4）对贵宾的服务应有度，既给服务对象足够的空间，又不能让服务对象找不到人。旅客在候车时，尽量减少对旅客不必要的打扰，如旅客不需要提供服务，服务人员之间应做好交接工作，避免重复询问。

（5）为贵宾端送茶水时，要及时，并注意将茶杯轻轻放在宾客座位旁的茶几上。在展现服务魅力的背后，不仅要有优秀的心理素质、高尚的品德修养，还要有娴熟的服务技能。贵宾室服务人员掌握的服务技能越多，就越能体现车站服务水平，而这些服务技能又往往来自日常的积累与实践。

（6）引导贵宾时，一般走在贵宾前方左侧前方1.5米处，自己走在通道边缘，让贵宾走中间，避免背部挡住贵宾视线。拐弯时，要先放慢步伐或停下来，回头并以手势配合说"请这边走"。走到阶梯处或有门槛的地方要提醒贵宾注意，说"请脚下留意"或"请当心"。

（7）和贵宾相遇时应立即起身、面带微笑、主动问候。在和贵宾交谈时，应首先主动介绍自己，表情要自然，面带微笑。声音的好坏不仅在于音质，更在于说话人的态度、语气和语速，要采用明确而亲切的说话方式。

 小贴士

针对贵宾的服务语言要突出"礼"字，具体要求如下：

待客"三声"：来有迎声（主动问候）；问有答声（有问必答，按时回答，如实回答）；去有送声。

待客"四个不讲"：不尊重对方的语言不能讲；不友好的语言不能讲；不客气的语言不能讲；不耐烦的语言不能讲。

（六）检票服务礼仪规范

（1）检票口客运员应及时掌握列车运行情况，积极配合车站广播室及时、准确、清楚地通告列车运行情况，语言温和、语速适中，让旅客做到心中有数。

（2）检票时应组织好检票秩序，提前在检票口挂出指示牌并通过电子引导装置将检票信息不间断地显示，可采取分段检票、分行检票等方式组织检票，使检票作业井然有序、安静、文明。

（3）检票时，应做到"一看，二唱，三剪下"，动作要干净利落（见图7-2-6）。与旅客对话时，要注意微笑面对旅客，说话语气要平和，吐字要清楚，态度要和蔼。注意使用文明用语，对旅客说："您好，请出示您的车票。"

（4）如果发现个别旅客扰乱检票秩序，应用和蔼的语气劝阻他："对不起，这位先生（女士），请您排队检票。"切忌大声呼喊、训斥、推搡旅客，对于少数屡劝不止的旅客，必要时可以用手或身体挡在他的前边，态度严肃、语气坚定地进行劝阻。

（5）如果几个旅客的票全由一人拿着，而这个人又走在最后面，可委婉地说："请问几位的车票在谁手中？别着急，让我先核对一下车票再走，好吗？"

（6）检票后，主动把车票递到旅客手中，不要等旅客到你手中来取。交还车票时可以说："拿好您的车票，请慢走。"

（7）停检后，遇匆忙赶来的旅客应制止其强闯检票口，同时用和蔼亲切的语气耐心地予以安慰，可帮助旅客出主意："先生（女士），您别着急，您改乘××次列车同样可以到达。您可以去售票处办理改签手续。"切不可对旅客刻薄、生硬地埋怨，甚至冷嘲热讽。

图 7-2-6　检票员检票情景模拟

（8）如遇想上车补票而手上没票的旅客，要态度严肃、语气坚定地说："对不起，这位先生（女士），请问您的车票呢？"或者说："对不起，先生（女士），这趟车是对号入座，您必须凭票上车。"还可以说："先生（女士），您能先补张车票后，再进站吗？"

（9）如果因车站工作的失误给旅客造成麻烦，或者是旅客对车站某些工作不满意时，要从车站和全局的角度考虑问题，要主动向旅客道歉，并想方设法为旅客解决困难。

 阅读材料

检票时间紧，闸机难胜任

2015 年春运期间，潍坊火车站二楼的候车大厅检票口，旅客分站成 4 列等待着检票。在检票口的中间位置，4 台橘红色的自动检票闸机闪烁着绿色的指示灯，处于待机状态，而一旁的 4 名工作人员分别站在自动检票闸机的两侧，紧张快速地为旅客检票。

据车站工作人员介绍，自动检票机需要几秒钟的检索时间，效率没有人工检票高。通常情况下，自动检票闸机检票通过一个人的时间，人工检票可以通过 5 个人。如果一个班次的列车有 300 名以上的旅客需要检票的话，这 4 台自动检票闸机有可能无法在短时间内完成检票工作。这套设备其实更适合始发站，因为始发站都是提前 15 分钟进行检票，时间相对宽裕，而潍坊站作为一个中途站点，基本上每班次的检票时间只有 2 分钟左右，4 台自动检票闸机 2 分钟之内只能通过百余位旅客。所以，春运期间或节假日客流高峰时，火车站仍采用人工检票。

（七）站台服务礼仪规范

站台是车站服务的关键岗位之一，旅客在等车和上车时容易混乱，特别是客流量大的时候。同时，由于站台上车来人往，容易发生安全事故，因此，站台服务要将安全和礼仪相结合。

（1）及时指引旅客到达列车即将停靠的站台。

（2）迎接列车时，车站工作人员要足踏白线，双目迎接列车的到来，从列车进入站台开始到列车停靠站台为止。

（3）列车进站前，要维持好站台的秩序。按车厢的距离，安排好旅客排队等车。要时刻注意旅客的安全，个别旅客如站得离铁轨较近，要提醒他们站在安全线以外，以防列车进站时出现安全事故。

（4）列车员验票时，要配合列车员组织旅客排队验票、上车，防止安全事故的发生。

（5）列车离开车站时，要足踏白线，目送列车开出站台为止。

（八）出站口服务礼仪规范

旅客到站后，出站工作成为高速铁路旅客运输的最后一步，是车站服务的最后一个环节，服务礼仪依然不容忽视。当旅客下车后，出站口的卫生环境、客运服务人员贴心的服务，文明的礼仪，将会为旅客的旅行画上圆满的句号。出站服务主要由高速铁路车站站台客运员和出站口客运员承担。

（1）多数旅客刚下车时很难辨别方位，除通过广播适时宣传引导外，站台客运员应在刚下车旅客的身边，随时为旅客指明正确的出站方向。

（2）站台客运员应保持出站通道的宽敞、明亮和站台的平坦、干净，积极疏导出站人群，对一些携带品较多或行走不便的旅客，应主动帮助、搀扶，以保证出站队伍井然有序，下车旅客快捷出站。

（3）站台客运员帮旅客拿行李要得到旅客的允许，并走在旅客身边，与旅客保持同速，以免被旅客误解。

（4）出站口客运员在出站口查验车票时，应着装整洁、精神饱满地站在岗位上，向旅客微笑致意，同时主动伸手去接车票，不要等旅客把车票递到自己的身前才去接，更不能让旅客把车票举到自己的眼前，这样做是对旅客的不尊重。

（5）旅客索要车票用于报销时，应及时将车票交还旅客。注意不要毁坏印有票价的部分。对旅客不要的车票，应及时收回，以免流失。

（6）发现旅客没有车票想混出车站时，不应大喊大叫、尖酸刻薄地训斥、挖苦；也不要用力拉拽或推搡旅客。可以用手或身体礼貌地挡住他，声音平和、语气委婉地请他到补票处去补票。

（7）遇见儿童超高须补票的情况，一定要先量儿童的身高，确定儿童超高再办理补票手续。测量儿童身高要先征得家长的同意，千万不可自行拉儿童去测量身高。如果儿童确实超高了就应委婉提示家长说："您看，您的孩子非常健康，已经长这么高了，应该买成人票了。"

（8）补票时，应和颜悦色地用通俗易懂的语言描述相关的补费规定并准确地说出应收费用，该补多少就补多少，不能含糊其词。向旅客解释的时候态度要耐心、亲切，不可表现出傲慢或不耐烦的情绪。

（9）旅客没钱补票或不愿意补票时，应注意避免与旅客争吵，更不能拿旅客的物品做抵押或接受旅客的赠品。碰上蛮不讲理的旅客，可把他请到值班室，耐心和蔼地向他解释相关规定，等到他心平气和时再补票（补费）。必要时可请公安人员出面处理问题，尽量避免与旅客产生摩擦，激化矛盾。

任务 3　动车组列车餐饮服务礼仪

用餐是旅客出行途中最重要的需要之一，为旅客提供用餐服务也是铁路旅客运输服务重要工作之一，旅客用餐的质量，不仅会影响到旅途心情，也会影响旅客的身体健康。高铁乘服工作主要是负责高铁动车的食品、商品的销售工作，餐车服务礼仪既是铁路与旅客沟通的桥梁，又是铁路展示自身形象的窗口。

一、乘服员仪容仪表要求

头发干净整齐、颜色自然，不理奇异发型、不剃光头。男性两侧鬓角不得超过耳垂底部，后部不长于衬衣领，不遮盖眉毛、耳朵，不烫发，不留胡须；女性发不过肩，刘海长不遮眉，短发不短于两寸。

面部、双手保持清洁，身体外露部位无文身。指甲修剪整齐，长度不超过指尖 2 毫米，不染彩色指甲。

女性淡妆上岗，唇线与口红的颜色一致；眉毛修剪整齐，眉毛和眼线的颜色为黑色或深棕色；眼影的颜色与制服一致；不得使用浓烈型香水。工作中保持妆容美观，端庄大方。补妆及时，并应在洗手间或乘务间进行。不浓妆艳抹。疫情期间做好安全防护工作（见图 7-3-1）。

高铁餐服员服务礼仪
动画扫码观看

图 7-3-1　乘服员立岗

着装统一，衣扣拉链整齐。着裙装时，丝袜统一，无破损。系领带时，衬衣束在裙子或裤子内。外露的皮带为黑色。佩戴的外露饰物款式简洁，限手表一只、戒指一枚，女性还可佩戴发夹、发箍或头花及一副直径不超过 3 毫米的耳钉。不歪戴帽子，不挽袖子和卷裤脚，不敞胸露怀，不赤足穿鞋，不穿尖头鞋、拖鞋、露趾鞋，鞋跟高度不超过3.5 厘米，跟径不小于 3.5 厘米。

佩戴职务标志，胸章牌（长方形职务标志）戴于左胸口袋上方正中，下边沿距口袋 1 厘米处（无口袋的戴于相应位置），包含单位、姓名、职务、工号等内容。菱形臂章佩戴在上衣左袖肩下四指处。按规定应佩戴制帽的工作人员，在执行职务时要戴上制帽，帽徽在制帽折沿上方正中（见图 7-3-2）。

图 7-3-2　乘服员仪容仪表示意

二、乘服员服务规范

乘服员在就餐时间到来之前，首先要做好仪容、仪表和精神准备，站立在餐吧车两侧第一张桌位置迎接客人。旅客到来时，要热情相迎，主动问候"您好，欢迎您就餐。"在引领旅客时，应问清是否预约过位置、几位就餐，然后引到合适的座位。按照习惯，要先引导女性入座。重要宾客应该引导到餐吧车的中部就餐，并且让主要贵宾面对列车运行方向。

使用普通话，表达准确，口齿清晰。立岗姿势规范，精神饱满。

列车进出站时，在车门口立岗，面向站台致注目礼，以列车进入站台为始，开出站台为止。

 阅读材料

高铁上也能点外卖了

为了给旅客提供更优质的服务，有更多的餐饮选择，2017 年 7 月，高铁动车组互联网订餐业务正式推出。在全国主要的高铁客运站，只要通过 12306 网站、手机 App 等方式进行预订，沿途的当地美食就可以送到你的座位上了！

三、乘服员作业流程

（一）旅客上车前作业

（1）参加业务学习与考核，提前到派班室报到，参加出乘会，接受命令，整理仪容仪表、应配物品及确认通信设备、备品等携带情况。

（2）开车前按规定时间赴站，所有私人物品均放入乘务箱内，右手拉箱子，列队进站，

站台交接,准备立岗。

(3)列车进站时面带微笑行注目礼,列车停稳后,按照分工按时做好始发前的准备工作,如检查车厢卫生质量情况,检查设备状态是否良好,发现问题通知餐服长后及时通知机械师修复。做好餐吧整容、货品定位、销售准备、预热餐食等工作。

(二)列车开车后作业

(1)列车开车铃声响时在车厢内中部餐桌处(吧台中)标准站姿,定位立岗出站(见图7-3-3)。

图 7-3-3　餐吧服务人员

(2)列车始发后,在规定时间内,一名餐服员移动售卖,一名餐服员用托盘下车厢销售饮品,并做用餐登记。

(3)按照吧台供应标准供应早、中、晚旅客饮食服务(注意及时补充货物,巡回销售)。

(4)负责恢复餐吧、餐车卫生;整理物品摆放,确保设施设备卫生清洁;货品充足。

(5)中途停站在车内售卖时应提示周边旅客(提示信息包括到达车站站名、到站时间、停车时间,以防止旅客坐过站,并提示看管好自己随身携带的行李物品),停止销售,到风挡不开门处,等候旅客上下车,不得堵塞通道,影响旅客上下列车。

(三)折返作业

(1)卫生整容,到站前在规定时间内将餐吧打扫、整理干净,确保设备清洁无污物,餐具彻底消毒。

(2)协助餐服长核对账目,清点现金、票据,做好核对工作,及时入柜加锁保存好。

(3)餐食、备品按规定打包装箱,做好账目登记、异地存储交接工作。

(4)检查设备。

(5)异地补货,确认货单,按货品清单认真验货、检数、检质、检有无破损。

(四)列车终到前作业

(1)到站前检查餐吧卫生是否彻底干净整洁,设施设备是否清洁无污渍。

（2）协助餐服长清点货品，确保账款相符，核对账目清单、现金、商品、餐具；认真核对账目清单，做到账款相符、准确无误，并妥善保管。

（3）餐食、备品按规定打包装箱、封箱，做好退库准备。

（4）检查电器设备，电源处于关闭状态，保证餐吧安全。

（5）旅客终到站即将到达，征求旅客意见的同时，提醒旅客带齐私人物品，致告别语。

（五）列车终到作业

（1）列车到站前，标准站姿，定位立岗。

（2）在终到站将垃圾袋封口投放指定位置，严禁污物外泄。

（3）协助餐服长整理好乘务报表、销售报表、营业款、各类票据等，送交派班室。

（4）在站台中部列队，集体退乘返回。

（5）参加退乘会，总结工作。

四、中餐知识认知

随着高铁的运营日趋成熟，推出的服务项目的质量也越来越高，铁路餐饮部门积极参与市场竞争，创新提升餐食品质，努力适应旅客餐饮新需求。中国的饮食文化发展到今天，人们更加注重餐食的色香味美，由于地域的不同，民族习俗的不同，人们对餐食产品的需求也不尽相同。做好高铁餐饮可是门大学问，要求高铁餐服人员掌握专业的餐饮知识。

案例导入

舌尖上的高铁

在长三角乘高铁，途经千岛湖站，可以点上一份热气腾腾的鱼头汤、花猪肉。在衢州站，名震江湖的"三头一掌"能在饭点送到旅客的座位。湖州站也推出了地方特色互联网热链订餐服务，主打以石笋、银鱼等当地食材烹制的特色美食，价格从35元到90元不等。通过12306 App提前一小时下单，旅客不用下车就可以品尝到地道的"湖州味"。此次，湖州站的站前广场开了一个100平方米的堂食餐厅，不仅可以用于为高铁乘客供餐，还可以直接对外销售。餐食加工点的供餐时间从早上10点到晚上7点，覆盖午餐和晚餐时间段，高铁热链供餐能力为日均1 000至1 500份。高铁热链供餐并不是新鲜事物，起初旅客通过互联网订餐只能选择高铁站内的几个商家，而且多为快餐。2019年年末起，长三角高铁自主餐饮品牌"华东印记"陆续在南京南站、合肥南站、嘉兴南站和金华站开设自主品牌餐厅，专做热链供餐，美食博主的好评也让列车上的盐水鸭套餐火了一把。

高铁热链供餐想要有更广泛的受众和传播效果，品牌的打造至关重要。长三角铁路部门的做法，是与各地政府合作，将"舌尖上的高铁"这一铁路部门的高铁餐饮特色服务品牌与当地政府推荐的餐饮品牌相叠加，形成双品牌运作模式。千岛湖的当地品牌是"鱼悦千岛"，衢州是农产品区域公用品牌"三衢味"，湖州则是"百鱼宴"。本地有影响力的品牌可以在品质和安全上背书，也更加被当地民众所熟知和认可。

 **案例分析**

高铁乘服员不仅要学习工作流程,也应该熟知餐饮知识。

(一)中餐文化简述

中国传统餐饮文化历史悠久,菜肴在烹饪中有许多流派。在清代形成鲁、川、粤、苏四大菜系,后来,闽、浙、湘、徽等地方菜也逐渐出名,于是形成了中国的"八大菜系",即鲁菜、川菜、粤菜、江苏菜、闽菜、浙江菜、湘菜、徽菜。

中餐的烹调方法,流传至今,主要有炒(爆、熘)、烧(焖、煨、烩、卤)、煎(溻、贴)、炸(烹)、煮(氽、炖、煲)、蒸、烤(腌、熏、风干)、凉拌、淋等。各地烹饪方法不同,形成了不同的菜肴特色。

 阅读材料

中华饮食文化的内涵

中华饮食文化历来讲究色、香、味,讲究餐饮的形式,可以用"精""美""情"概括。这几个字,既反映了饮食活动过程中饮食品质、审美体验、情感活动、社会功能等所包含的独特的文化底蕴,也反映了饮食文化与中华优秀传统文化的密切联系。

精,是对中华饮食文化的内在品质的概括,这种精品意识作为一种文化精神,渗透、贯彻到整个饮食活动过程中。选料、烹调、摆盘乃至饮食环境,都体现着一个"精"字。

美,体现了饮食文化的审美特征。中华饮食之所以能够征服世界,重要原因之一,就在于它美。这种美,是指中国饮食活动形式与内容的完美统一,是指它给人们所带来的审美愉悦和精神享受。中餐之美不仅表现在味道上,而且在形式上、颜色上、器具上,甚至在服务人员的服饰上,都蕴藏着美的成分,让人时时刻刻能感觉到美的冲击和享受。可见,美作为饮食文化的一个基本内涵,是中华饮食的魅力所在,贯穿在饮食活动过程的每一个环节中。

情,中华文化历来以情为纽带,同样,中华饮食里的"情"为重要的功能。在中国,吃饭实际上是人与人之间情感交流的媒介,是一种别开生面的社交活动。人们可以一边吃饭,一边聊天,一边谈生意、交流信息。古往今来,中国人习惯在饭桌上表达惜别或欢迎的心情,感情上的风波,人们也往往借酒菜平息。随着社会生活节奏的加快,饮食活动的社会调节功能和心理按摩作用越来越受到人们的重视。

礼,中华饮食文化的整体概念中,精与美侧重于饮食的形象和品质,而情与礼,则侧重于饮食的心态、习俗和社会功能。但是,它们不是孤立地存在,而是相互依存、互为因果的。唯其"精",才能有完整的"美";唯其"美",才能激发"情";唯有"情",才能合乎时代风尚的"礼"。

> "精""美""情""礼"四者环环相生，完美统一，形成中华饮食文化的最高境界。我们只有准确地把握"精、美、情、礼"，才能深刻地理解中华饮食文化，才能更好地继承和弘扬中华饮食文化。

（二）中餐摆台礼仪

1. 席位的安排

排座次，是整个中国饮食礼仪中最重要的一部分。总的来讲，座次安排中，家宴首席为辈分最高的长者，末席为辈分最低者，遵循"尚左尊东""面朝大门为尊"。宴请宾客时，正对大门的为宴请主人，依次按以右为上、近主人为上、尊重宾客意愿的原则安排（见图7-3-4）。

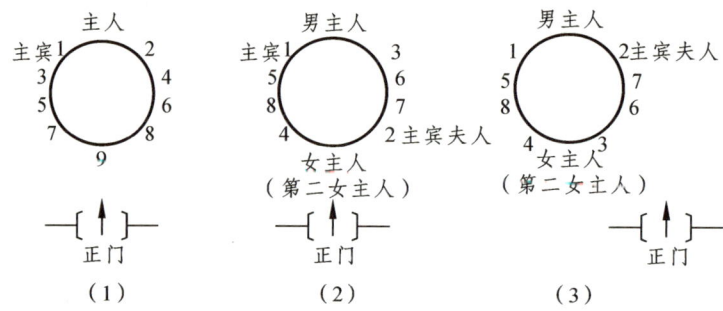

图 7-3-4　席位安排示意图

如果为多桌宴，桌与桌间的排列讲究首席居前居中，近主席台为上，远离门为上，以右为上的原则，根据主客身份、地位、亲疏来安排就坐。

2. 餐具的摆放

餐具的设计基本上是为了便于盛放、拿取食物，中餐的餐具包括筷、杯、碗、碟、匙等，中餐正式宴请餐具摆台的要求较为严格（见图7-3-5）。

杯子放在菜盘上方，从左至右，由高到低放置水杯、红酒杯、白酒杯等。筷子与汤匙可放在专用座子上或放在纸套中。公用的筷子和汤匙最好放在专用的座子上。

（三）中餐服务礼仪

1. 出菜顺序

（1）开胃菜：通常是四种冷盘组成的大拼盘。有时种类可多达十几种。

（2）主菜：主菜上在开胃菜之后，又称为大件或大菜。主菜的道数通常是四、六、八等的偶数，因为，中国人认为偶数是吉数。在豪华的餐宴上，主菜有时多达十六或三十二道，一般则是六道至十二道。出菜顺序多以口味清淡和浓腻交互搭配，或干烧、汤类交叉上菜为原则，最后通常以汤作为结束。

（3）点心：指主菜结束后所供应的甜点，如馅饼、蛋糕、包子、杏仁豆腐等，最后是水果。

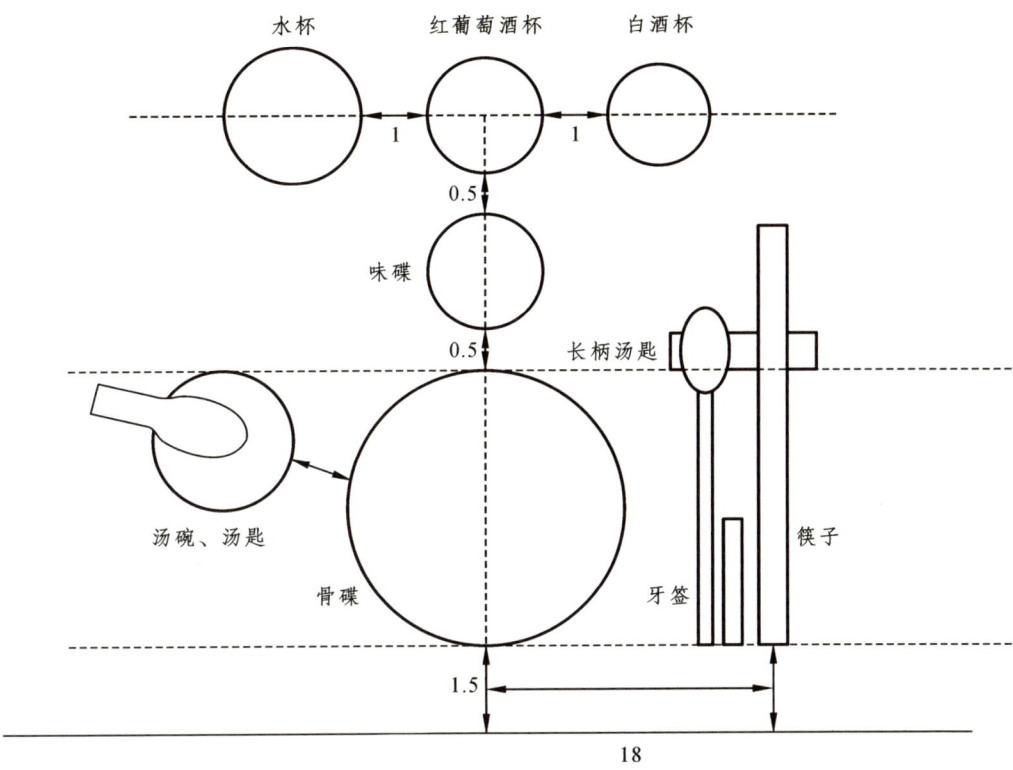

图 7-3-5　餐具的摆放示意图（图示单位为厘米）

2. 斟酒上菜

斟酒上菜从宾客右侧进行，先主宾，后主人，先女宾，后男宾。酒斟八分，不可过满。及时为客人添加酒水，当酒水快用完时，要提前询问客人是否续添，以免出现敬酒时等酒水的冷场。热菜应从主人对面席位的左侧上；上单份菜、配菜和小吃要先宾后主。上一道菜要报一道菜名，分餐食品要先将整盘菜展示给客人看后方可分餐。撤盘时须先经主人同意。

3. 席间服务

客人入座及时为其倒茶，为客人主动推销特色菜，不能等客人一问一答。及时拆换骨碟，但不能妨碍客人用餐，不允许直接将碟内杂物当客人面倒出后继续给客人使用。

五、西餐知识认知

（一）西餐文化简述

西餐的准确称呼应为欧洲美食，或欧式餐饮。西餐的主要特点是主料突出，形色美观，口味鲜美，营养丰富，供应方便等。

正规西餐应包括餐汤、前菜、主菜、餐后甜品及饮品。西餐大致可分为法式、英式、意式、俄式、美式，地中海等多种风格的菜肴。西餐一般以刀叉为餐具，多以面包为主食，多以长形桌台为台形。

（二）西餐摆台礼仪

1. 席位的安排

（1）同一桌上席位高低以近主人为上、以右为上、男女交叉安排为基本要求（见图7-3-6）。

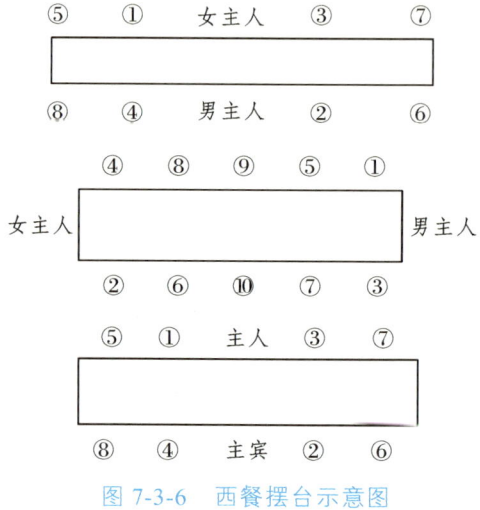

图 7-3-6　西餐摆台示意图

（2）举行两桌以上的西式宴会，各桌均应有第一主人，主人及宾客的位置应与主桌的位置相同。

2. 餐具的摆放（见图7-3-7）

（1）摆放食盘和汤盘，左边放叉，右边放刀，食盘上方放匙，再上方为酒杯，从左到右，由小到大，一字排开。

（2）匙的左方是面包碟，右方是黄油碟。

（3）餐巾放在汤盘上或折成餐巾花放在水杯里。

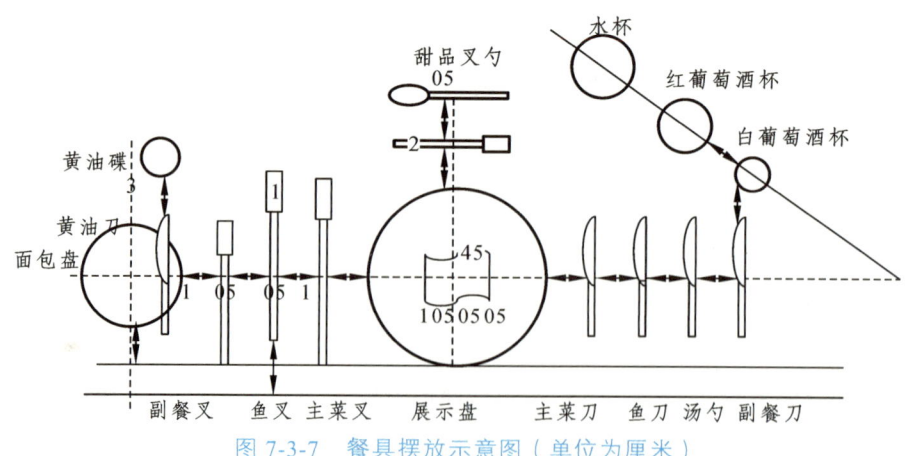

图 7-3-7　餐具摆放示意图（单位为厘米）

（三）西餐服务礼仪

1. 点菜及配酒

西餐服务员应协助宾客入座，及时打开餐巾送上冰水和面包。西餐点菜服务中，由于实行分餐制，人手一份菜单，每位宾客所点的菜肴都不一样，就需要服务员熟悉菜单，了解宾客的需求，熟练地运用推销技巧，主动、热情地为宾客提供优质服务。

酒与佳肴的配合是享受西餐美食时的最大乐趣之一。服务员要清楚酒水与菜肴的搭配，口味清淡的菜式与香味淡雅、色泽较浅的酒品相配，深色的肉禽类菜肴与香味浓郁的酒品相配。

> **小贴士**
>
> 在客人提供酒水的时候，服务员要根据它们不同的特点，进行不同的操作。斟酒时控制好斟酒量，白酒斟八成，红葡萄酒斟三分之一杯，白葡萄酒斟七成。香槟酒应分两次斟，第一次斟三分之一，待泡沫平息后，再斟至三分之二处。斟啤酒时，应使酒液顺杯壁滑入杯中呈八成酒二成沫，饮料应倒八成满。

2. 上菜顺序

（1）头盘：也称为开胃品，一般有冷头盘和热头盘之分，常见的品种有鱼子酱、鹅肝酱、熏鲑鱼、鸡尾杯、奶油鸡酥盒、焗蜗牛等。

（2）汤：大致可分为清汤、奶油汤、蔬菜汤和冷汤4类。

（3）副菜：通常水产类、蛋类、面包类、酥盒菜肴被称为副菜。

（4）主菜：肉、禽类菜肴是主菜。其中最具代表性的是牛肉或牛排。

（5）蔬菜类菜肴：既可以安排在肉类菜肴之后，也可以与肉类菜肴同时上桌，蔬菜类菜肴在西餐中被称为沙拉。

（6）甜品：西餐的甜品是在主菜后食用的，可以算作是第六道菜。从真正意义上讲，它包括所有主菜后的食物，如布丁、冰激凌、奶酪、水果等等。

（7）咖啡：饮咖啡一般要加糖和淡奶油。

3. 席间服务

（1）仪表。

服务前检查仪容仪表，保持制服整洁。

（2）言谈举止。

在餐厅中不准大声讲话或有不雅之举。要主动、微笑服务，观察并预测客人需要。回答客人问题要言简意赅，使用礼貌用语。不得与客人争吵、批评客人或强迫推销。对小孩要有耐心，必要时请父母劝导小孩，保持西餐厅的良好秩序。

（3）台面服务。

服务中不能跑步或行动迟缓，不准突然转身或停顿。避免正对食物讲话，不可碰触客人。客人入座时主动为客人拉开椅子，先女士后男士。在不妨碍客人用餐的前提下，及时为客人更换干净的餐具。

（4）清洁服务。

避免在客人面前做清洁工作。不可用手接触食物，所有餐具要用托盘上，避免餐具间发生碰撞。在最后一位客人用完餐之后，不要马上清理杯盘，除非有客人要求。所有掉在地上的餐具均要更换，但需先送上干净的餐具，再拿走弄脏的餐具。

（5）结账服务。

确定客人要结账后到收银处取账单。检查台号是否正确，检查饮品、食品项目价格是否正确。确认账单无误，将账单放入账单夹。从结账的客人右边呈上账单。客人结账方式有：现金、刷卡、签单结账，与客人现金确认、信用卡或签单签字，将找钱和账单存根放在账单夹中，送回给客人并致谢。

 知识拓展

小费

许多国家认为服务是一种非常专业的付出，给予适当小费是对服务的肯定。在这些国家，接受了服务却不给小费是非常不礼貌的，因为小费对于服务人员来说很重要，服务人员很大一部分的收入都来源于小费。

① 在餐厅就餐时，顾客需要付给服务人员的小费通常为消费总额的10%左右。

② 结账时，客人有时也会告知服务员找回的零钱可以留作小费，这是付小费常用的一种方法。

（6）送客服务。

客人离开时，服务生应礼貌送别，并帮助客人拉开椅子，帮助提拿随身物品或协助叫出租车。

高铁站车服务礼仪实训练习内容及评价标准

实训内容	检查标准	基本要求
1. 仪容仪表	1. 发型：盘发无碎发。 2. 仪容：淡妆、无饰物、指甲长度不超过指尖2毫米。 3. 制服：穿戴齐全，干净无褶皱。 4. 符号：职务标志正确佩戴	
2. 乘务员服务流程训练	1. 立岗：在规定位置立岗，迎送旅客上车，面带微笑，附带手势引导方向。 2. 引导：察觉旅客寻找席位困难时，主动帮助指引位置，并帮助安置行李。 3. 摆放行李：发现旅客摆放行李位置不当，或存在安全隐患时，主动上手帮助安置或劝说旅客进行安置。 4. 巡视车厢：完成验票工作，积极帮助旅客解决问题，主动与旅客沟通，提前做好安全提示；遇到特殊旅客重点提示，做好禁烟宣传。 5. 应急处置：做好晚点、停电等解释与处置	1. 分组模拟训练。 2. 同学互评。 3. 教师点评

续表

实训内容	检查标准	基本要求
3. 客运服务各岗位综合训练	1. 售票服务。 2. 安检服务。 3. 问讯服务。 4. 候车大厅服务。 5. 贵宾服务。 6. 检票服务。 7. 站台服务。 8. 乘务员服务	1. 仪容仪表规范。 2. 仪态举止得体。 3. 服务用语礼貌规范。 4. 服务操作流程熟练	

高铁乘服员服务礼仪实训练习内容及评价标准

实训内容	检查标准	基本要求
1. 仪容仪表	1. 发型：盘发无碎发。 2. 仪容：淡妆、无饰物、指甲长度不超过指尖2毫米。 3. 制服：穿戴齐全，干净无褶皱。 4. 符号：职务标志正确佩戴	1. 分组模拟训练。 2. 同学互评。 3. 教师点评
2. 乘服员服务流程训练	1. 立岗：在规定位置立岗，迎送旅客上车，面带微笑，附带手势引导方向。 2. 餐饮供应：移动推车/托盘。 3. 服务：主动介绍、点餐准确、唱收唱付、收款无误、主动询问、重点照顾。 4. 中途停站：宣传到位、做好通告。 5. 卫生整容：随时恢复餐吧卫生、物品定位摆放，及时补充货物。 6. 应急处置：做好晚点、停电等解释与处置	
3. 中西餐礼仪	1. 中西餐座次的排列。 2. 中西餐餐具的摆放与使用。 3. 中西餐服务细节与礼貌	

项目 8　主要客源国礼俗

本任务课程思政教育案例扫码观看

主要客源国礼俗动画扫码观看

"十里不同风，百里不同俗"，不同国家文化有着重大的差异。随着世界经济的发展和全球一体化时代的到来，国际间的交往越来越频繁，世界各地的人们都会走出国门到世界各地区去旅游、学习或从事贸易等活动。由于高铁出行方便快捷，选择高铁出行的外国客人越来越多，因此，高铁服务工作也是面向世界的工作，只有了解不同文化背景下各地区各民族的礼俗，才能做到尊重不同客人的风俗习惯，才能与之进行良好的沟通，才能采取正确的服务方式，从而提升服务质量，体现一流的高铁服务水平。

案例导入

加拿大客人来了！美国客人来了！英国客人也来了！越来越多的各国游客来中国旅游，并选择乘坐高铁动车去往不同的旅游目的地城市。武汉动车上上进的乘务员们，都在忙着学习英语，了解各国风俗文化，通过具备初步的涉外服务能力，通过与这些外国乘客的互动，介绍中国高铁，展现优质服务。

2017 年 10 月 23 日 16:08，由武汉客运段担当的宜昌东开往汉口的 D5820 次动车组，列车接待了一群特殊的旅客，他们是一群由平均年龄超过 70 岁的英国爷爷奶奶们组成的旅行团。这批来自英国的 42 名游客，在湖北宜昌参观了美丽的三峡，体验土家文化后，返回武汉到东湖、江滩、黄鹤楼等景区继续旅游。然后，他们将转动车去杭州看美丽的西湖。

列车长刘一凡用简单的英语与这些英国旅客简单地交流着，并介绍了动车服务的相关情况。一名叫汤姆斯的旅客主动与刘一凡互动起来，学着表达"爱心"等手势动作，惹得整个车厢的旅客捧腹大笑。

案例分析

外国客人乘坐安全、舒适、温馨的高铁动车组列车，铁路工作人员为他们提供热情服务，让他们感受到了中国的快速进步和热情友好。

任务1 亚洲客源国礼俗

一、日本

【国名】日本国（Japan）。

【面积】陆地面积约37.8万平方千米，包括北海道、本州、四国、九州四个大岛和其他6 800多个小岛屿。

【人口】约1亿2 505万（2022年5月）。主要民族为大和族，北海道地区约有1.6万阿伊努族人。通用日语。主要宗教为神道教和佛教。

【首都】东京（Tokyo）。人口约1 405万（2021年7月）。

【重要节日】天皇生日：2月23日（相当于国庆节）。建国纪念日：2月11日。

【地理】位于太平洋西岸，是一个由东北向西南延伸的弧形岛国。西隔东海、黄海、朝鲜海峡、日本海与中国、朝鲜、韩国、俄罗斯相望。

（一）社交礼仪

到日本官方单位、公司或者是日本人家中拜访或做客，都必须预约。日本人在日常工作和生活中都很守时，迟到会被认为是失礼的行为。

初次见面时，日本人行"鞠躬礼"并互换名片。在行见面礼时，态度必须谦恭地问候交往对象。

"鞠躬礼"不仅在初次见面时使用，而且在日常的见面和分手道别（感谢、道歉的场合）也频繁地使用。一般情况相互之间是行30度和45度的鞠躬礼，初次见面，向对方鞠躬90度，鞠躬越低，表示你越尊重他。在鞠躬时，手中不许拿东西，头上不得戴帽子，手也不可以放在衣服的口袋里。在一般的情况下，日本妇女，与别人见面时，是只鞠躬不握手的。

（二）餐饮礼仪

日本以优良的餐桌礼仪见称。餐厅若需要脱鞋应注意将鞋尖朝外摆放。

在日本，日式餐馆和传统日本家庭内设置的是日式矮桌和坐垫，就座时正确坐法是"正座"，即把双膝并拢跪地，臀部压在脚跟上。轻松的坐法有"盘腿坐"和"横坐"。"盘腿坐"即把脚交叉在前面，臀部着地，这是男性的坐法；"横坐"是双腿稍许横向一侧，身体不压住双脚，这常是女性的坐法。

一般日本人在用餐前后都要表达两种感受，用餐前要表达自己欣赏这顿饭食的意思；用餐后要感谢主人准备这顿极美味的饭食。

日本人的一餐标准饭食往往包括一碗饭、一碗味噌汤、两道或三道菜肴，配菜越多，这顿饭便越体面。用餐的正确次序是先喝小口热汤，然后顺序循环地小口吃每道菜肴，不可一次吃光一道菜肴。

一顿正统的日式饭食通常备有日本米酒，日本人喜欢在用餐时喝米酒，他们通常会在互相祝酒后才开始用餐，即使客人不想喝，请客者也希望客人能抿一口意思一下。

日本人深爱品茗，在同一餐的不同时间会端上不同种类的茶。一般来说，用餐之前会端上绿茶，用餐期间及用餐之后会端上煎茶。

（三）主要禁忌

语言禁忌：与日本人交谈忌谈人的生理缺陷。

穿衣禁忌：日本人穿和服都是右向掩衣襟。忌讳左向掩衣襟。一般死人下葬时，才左向掩衣襟。

社交禁忌：日本人对不守时的人是没有信任感的，不可以因迟到而浪费别人的时间。因某个原因不可避免地迟到，必须要打电话告诉对方。

饮食禁忌：就餐时，忌讳口含筷子，口含食物讲话，口嚼东西站起来，都被认为缺乏教养。

商业禁忌：在商业谈判过程中忌讳用手抓自己的头皮，在日本被看作是愤怒和不满的表示。

颜色禁忌：日本人不喜欢紫色，他们认为这是悲伤的色调；忌讳绿色，认为绿色是不祥之色，主要指人为调绿造绿，大自然的绿不在其中。

花卉禁忌：日本人忌讳荷花，荷花是葬花。莲花是极乐世界之花。不愿意接受有菊花或菊花图案的东西，因为是皇室家族的标志。

数字禁忌：日本忌讳 4 和 9。4 的发音同"死"，9 与日文痛苦一样。也不用 13，是不吉利数。

 阅读材料

日本服饰礼仪

无论在正式场合还是非正式场合，日本人都很注重自己的衣着。在正式场合，男子和大多数中青年妇女都着西服。男子穿西服通常都系领带。无论多热的天气，他们必定穿西装系领带出现在会见场合。和服是日本的传统服装，现在除一些特殊职业者外，在公共场所很少穿和服，但是在婚礼、庆典、传统花道、茶道以及其他隆重的社交场合，和服仍然是公认的必穿的礼服。

二、韩国

【国名】大韩民国（Republic of Korea）。

【面积】10.329 万平方千米。

【人口】约 5 200 万。为单一民族，通用韩国语，50%左右的人口信奉佛教、基督教、天主教等宗教。

【首都】首尔（Seoul），人口约 1 000 万，面积 605 平方公里，年均气温 11.6 ℃。

【重要节日】春节：阴历正月初一；元旦：1 月 1 日；独立运动纪念日：3 月 1 日；显忠日：6 月 6 日；制宪节：7 月 17 日；光复节：8 月 15 日；中秋节：阴历八月十五；开天节：10 月 3 日；韩文节：10 月 9 日；圣诞节：12 月 25 日。

【简况】位于亚洲大陆东北部朝鲜半岛南半部。东、南、西三面环海。

(一) 社交礼仪

韩国人十分重视礼仪修养的培养,尊敬长辈是韩国民族恪守的传统礼仪。在韩国,长者得到特别尊重,在长者面前不能抽烟,与长者谈话要摘掉墨镜。

韩国人热情好客,见面时热情问候,谈话得体;行走时主动让道,道别时挥手再见。每逢宾客来访,他们总是彬彬有礼;重要宾客来访会根据客人的身份举行适当规格的欢迎仪式。

韩国人见面一般行鞠躬礼和握手礼,行握手礼会互握双手。男子不会主动伸手与妇女握手。韩国的男士社会地位较高,出门时妇女会让男子先走;宴会时致辞以"先生们、女士们"开头。

应邀到韩国朋友家中做客,主人家事先会进行充分准备,并将室内院外打扫得干干净净。韩国人时间观念很强,主人总是按约定的时间等候客人的到来,有的还要全家到户外迎候。客人到来时,主人多弯腰鞠躬表示欢迎,并热情地将客人迎进家中,并用饮料、水果等进行招待。

进韩国人家里要脱鞋,到很多韩式餐馆进餐也要脱鞋,因此一定要注意穿干净的袜子。袜子不干净或有破洞是失礼行为,会被人认为没有教养。入座时,宾主都要盘腿席地而坐,不能将腿伸直,更不能叉开。

(二) 饮食礼仪

韩国是很讲究餐饮礼节的国家。我们如果去韩国人家里吃饭,或者和韩国人一起在外面吃饭的时候要注意餐桌礼仪。

坐姿:传统韩国餐厅内部的结构分为两种:使用椅子和脱鞋上炕。在炕上吃饭,着韩服时,男士盘腿而坐,女士右膝支立。着便装时,只要把双腿收拢在一起坐下就可以了。

用餐顺序:右手一定要先拿起勺子,先盛上一口汤喝完,再用勺子吃一口米饭,然后再喝一口汤、再吃一口饭后,便可以随意地吃任何东西了。

餐具使用礼仪:中国人、日本人都有端起饭碗吃饭的习惯,但是韩国人视这种行为不规矩。而且也不能用嘴接触饭碗。不可出声,不要让匙和筷碰到碗而发出声音。筷只负责夹菜,筷子在不夹菜时,传统的韩国式做法是放在右手方向的桌子上,两根筷子要拢齐。勺在韩国人的饮食生活中比筷子更重要,它负责盛汤、捞汤里的菜、装饭,不用时要架在饭碗或其他食器上。

行酒礼:斟酒,如果双方第一次见面,则一手需托住另一只手的肘部为对方斟酒;但如果对方是长辈,则必须用一只手托住酒瓶底端斟酒。身份不同者一起饮酒碰杯时,身份低者要将杯举得低,用杯沿碰对方的杯口,不能平碰,更不能将杯举得比对方高,否则是失礼。饮酒时晚辈和下级可背脸而饮。传统观念是"右尊左卑",用左手执杯或取酒被认为不礼貌的。另外要注意敬酒者离开时应鞠躬。

特别注意与长辈一起用餐时,长辈动筷后晚辈才能动筷。不可以用筷子对别人指指点点,用餐不要太快也不要太慢,与别人统一步调。与长辈一起用餐时,等长辈放下汤匙和筷子以后再放下。

韩国人家里如有贵客临门,主人感到十分荣幸,一般会以好酒好菜招待。客人应尽量多喝酒，多吃饭菜。吃得越多，主人越发感到有面子。

（三）主要禁忌

用餐时不要把汤匙和筷子同时抓在手里；不要把匙和筷子搭放在碗上。

吃饭时，不宜高谈阔论。吃东西时，嘴里响声太大，也是非常丢人的。

在韩国人的家里宴请时，宾主一般都是围坐在一张矮腿方桌周围。盘腿席地而坐。在这种情况下，切勿用手摸脚，伸直双腿，或是双腿叉开，这些行为都是不被允许的。

韩国人普遍忌"4"字。因韩语中"4"与"死"同字同音，传统上认为是不吉利的。

婚姻忌生肖相克，婚期择双日，忌单日。

男子不要打探女子的年龄、婚姻状况。

打喷嚏时要表示歉意；剔牙要用手或餐巾盖住嘴。

交接东西要用右手，不能用左手，因传统观念上认为"右尊左卑"，认为用左手交接东西是不礼貌的行为。

 知识拓展

韩国人非常看重自己留给交往对象的印象如何，为了维护个人形象，他们对社交场合的穿着打扮十分在意。在商务活动中，韩国男子都会穿深色的西服套装，而韩国妇女的着装则绝对不会过于前卫。在韩国，衣冠不整的人，和着装过露、过透的人，都是让人看不起的。韩国人的传统服装是：男子上身穿袄，下身穿宽大的长裆裤，外面有时还会加一件坎肩，甚至再披一件长袍。韩国妇女则大都上穿短袄，下着齐胸长裙。在韩国，参加社交活动中要穿袜子，他们认为光脚是一种失礼的行为。进屋之前需要脱鞋时，鞋尖向外摆放整齐。

三、泰国

【国名】泰王国（The Kingdom of Thailand）。

【面积】51.3万平方千米。

【人口】6 617万（泰政府2020年发布统计公告）。全国共有30多个民族。泰族为主要民族，占人口总数的40%，其余为老挝族、华族、马来族、高棉族，以及苗、瑶、桂、汶、克伦、掸、塞芒、沙盖等山地民族。泰语为国语。90%以上的民众信仰佛教，马来族信奉伊斯兰教，还有少数民众信仰基督教、天主教、印度教和锡克教。

【首都】曼谷（Bangkok），人口800万。

【重要节日】宋干节（公历四月十三日至十五日）；水灯节（泰历十二月十五日）；国庆日（公历十二月五日）。

【地理】位于中南半岛中南部。与柬埔寨、老挝、缅甸、马来西亚接壤，东南临泰国湾（太平洋），西南濒安达曼海（印度洋），属热带季风气候，全年分为热、雨、凉三季，年均气温27 ℃。

> **案例导入**
>
> 小张随团赴泰国旅游。一下飞机，他就被泰国的神奇吸引住了。一路上，他和友人到处拍照。一天，他们来到一处佛寺，小张刚打开镜头盖，领队立即来制止了他，并解释说泰国的佛寺里不允许拍照，这是当地的禁忌。
>
> **案例分析**
>
> 所谓入乡随俗，就是在愉快旅行之余，我们也要注意对方国家的禁忌及一些社交礼仪。

（一）社交礼仪

当泰国人互相打招呼时，不会采用典型的握手方式，而以双手合十，行合十礼。一般来说，年幼的先向年长的打招呼行礼，而年长的随后回礼合十。

泰国人认为人的右手清洁而左手不洁，左手只能用来拿一些不干净的东西。因此，重要东西用左手拿会招来嫌弃。在正式场合绝对不可以。在比较正式的场合，还要双手奉上。

在泰国，与左手一样，脚掌也被认为是不净的。在入座时，应避免将脚放在桌子上。泰国人认为脚部是卑贱的，只能用来走路，不能干其他事情，例如用脚踢门和用脚指东西等。坐着时，不要跷起脚和把脚底对着别人。妇女落座，要求更为严格，须并拢双腿，否则会被认为是不文明，缺乏教养的。

在泰国的公众场合，不要做出有损风貌的举动，如拥抱、亲吻或握手，这被认为是不符合当地风俗的，违背了泰国人的佛教理念。泰国男女间讲究授受不亲，即使在公开场合跳舞时，身体也不可过分接触。

泰国人信奉佛教，人们对僧侣要礼让，尊重每一尊佛像；女性应避免碰触僧人，在传递物品时，需请男士代劳或直接放在桌上。

（二）饮食礼仪

泰国餐饮礼仪贯穿着一种共享的精神，一般都会把食物放在桌子的中央，记得用放于餐桌中央的公用筷子夹菜。

泰国菜一般都比较喜欢用盘子吃，吃饭的时候把饭盛到圆盘里面，再以汤匙将菜肴和饭拌匀，用勺子吃饭，筷子只是用来夹菜的一个工具。用勺子舀食物的时候，从靠身体的内侧向前方舀起，吃完之后再盛饭。

泰国的饮食文化的特点是味道浓而酸，善用香料，味道一般都是酸、辣、咸。因为地处热带，所以人们基本不喜欢喝热茶和开水。喝水、奶茶或者咖啡的时候，他们总是会加很多冰块。

（三）主要禁忌

佛教是泰国的国教，因此，佛像无论大小都要尊重，切勿攀爬。参观寺庙应着装应整齐，进入主殿要脱鞋，摘下帽子和墨镜。在佛寺之内，切勿高声喧哗，随意摄影、摄像。与泰国人进行交流时，千万不要非议佛教，或对佛门弟子有失敬意。向僧侣送现金，被视作一种侮辱。

泰国人对头颅非常看重，视之为"圣物"，神圣且不可侵犯。所以在泰国，不论多么熟悉的亲友，都不可以用手碰对方的头部，否则，人家就觉得你不尊重他，觉得你侮辱了他本人及其先祖。

泰国人是不吃狗肉的，对狗关爱有加。

泰国禁赌，即使在酒店房间内也不可玩牌或麻将。

 阅读材料

泰国旅游注意事项

泰国人信奉小乘佛教。每月有 4 个佛日，各在泰国阴历上、下半月的第 8 日和第 15 日，全年共 48 个佛日。佛日当天，泰国禁止杀生以及赌博等不良行为。不仅如此，遇到"佛日"时，全国一些带有暴力倾向的比赛，如斗鸡、拳击、斗鱼等，也要一律停赛，违者要重罚。

在泰国的大街小巷，随处可以见到黄袍僧侣。行人走近他们时，必须留心脚下，不能踩了僧侣的影子，这是一种大不敬的行为。泰国佛寺很多，观光游览时，游客均要衣冠得体，如若衣着不整或不洁（如夏天穿短裤短裙、光着膀子等），就会被毫不留情地拒之门外。

孩子的脑袋碰不得，除了国王、僧侣和父母外，任何人不得碰一下，连理发师给孩子理发时，都得先说几声"对不起"，然后才可以动剪刀。在公共场合相互递东西也不能从别人的头上越过。

泰国天气较热，过去，泰国人喜欢赤脚走路，他们认为脚是人身体中最肮脏的部位。日常生活中，人们也不能用脚指着东西或者踢门。无论是在竹楼里闲坐，还是用餐时席地而坐，都要注意脚心不能冲向别人。闲坐跷"二郎腿"时，脚底也要注意朝下，不能对着别人，万一脚心对向了谁，人家当场就会认为你很不礼貌。

任务 2　欧洲客源国礼俗

一、英国

【国名】大不列颠及北爱尔兰联合王国（The United Kingdom of Great Britain and Northern Ireland）。

【面积】24.41 万平方千米（包括内陆水域）。英格兰地区 13.04 万平方千米，苏格兰 7.88 万平方千米，威尔士 2.08 万平方千米，北爱尔兰 1.41 万平方千米。

【人口】6 708.1 万（2020 年）。官方语言为英语，威尔士北部还使用威尔士语，苏格兰西北高地及北爱尔兰部分地区仍使用盖尔语。居民多信奉基督教新教（占总人口的 59.5%），主要分英格兰教会（亦称英国国教、圣公会）和苏格兰教会（亦称长老会）。另有天主教会及伊斯兰教、印度教、锡克教、犹太教和佛教等较大的宗教社团。

【首都】伦敦（London），人口 900.2 万（2020 年）。最热月份为 7 月，气温通常在 16~24 ℃；最冷月份为 1 月，气温通常在 5~9 ℃。

【地理】岛国，位于欧洲西部，由大不列颠岛（包括英格兰、苏格兰、威尔士）、爱尔兰岛东北部和一些小岛组成。隔北海、多佛尔海峡、英吉利海峡与欧洲大陆相望。

【文化】世界文化大国之一，文化产业发达。全国约有 2 500 家博物馆和展览馆对外开放，其中大英博物馆、国家美术馆等闻名于世。英国皇家芭蕾舞团、伦敦交响乐团等艺术团体具有世界一流水准。每年举行约 500 多个专业艺术节，其中爱丁堡国际艺术节是世界上规模最大的艺术节之一。英语是国际信息传播的主要语言之一。

（一）社交礼仪

英国人在待人接物方面所表现出来的独特风格，往往会给人以深刻的印象。英国人给人的印象是：重视传统、保守理智、不苟言笑。英国人崇尚绅士风度，即衣着得体、举止优雅、严谨、果断。英国人常以握手表示友好。

英国人不喜欢被人统称为"English"（英国人或英格兰人），将他们称为"British"（英国人或不列颠人）会使所有的英国人感到满意。

英国人遵守纪律，通常去乘车、办事等他们都会自觉地排队。

在英国接受服务会给服务人员消费金额的 10% 左右的小费，如将小费列入服务费账单的不必另付小费。

在商务会晤时，按事先约好的时间光临，不得早到或迟到。英国工商界人士办事认真，不轻易动感情和表态，他们视夸夸其谈、自吹自擂为缺乏教养的表现。

（二）餐饮礼仪

英国的宴请方式多种多样，主要有茶会和宴会，包括正式和非正式宴会、茶会。在正式宴请时排座讲究礼仪，参加宴请人员衣着讲究、举止得体优雅。

英国人在席间不布菜也不劝酒，全凭客人的兴趣取用。一般要将取用的菜吃光才礼貌，不喝酒的人在侍者斟酒时，将手往杯口一放就行。客人之间告别可相互握手，也可点头示意。

（三）主要禁忌

英国人认为 13 和星期五是不吉利的，尤其是 13 日与星期五相遇更忌讳，这个时候，许多人宁愿待在家里不出门。

在英国，忌讳谈论男人的工资、女人的年龄、政治倾向等。

到英国从事商务活动要避开 7、8 月，这段时间工商界人士多休假。另外在圣诞节、复活节也不宜开展商务活动。

在英国送礼不得送重礼，以避免贿赂之嫌。

 阅读材料

英国下午茶文化源起

英国在维多利亚女王时代国力鼎盛，丰富的物产会从世界各地来到这里。而当物质文明的发展已经能满足基本的生活需求，人们对于艺术文化及精致生活的追求就愈发强烈。英式下午茶就在这样的背景下应运而生。

17世纪中叶，英国首次出现了"下午茶"概念，直到1840年，才有了真正意义上的"英式下午茶"。那时候的英国人一天只吃两顿饭：早餐和晚餐。早餐一般在上午10点左右，而晚餐要等到晚上8点，于是人们会在下午5点左右以茶点充饥。

19世纪80年代，上流社会女性会为了享用一顿下午茶而大费周折地换上长礼服、手套和帽子。时至今日，这种聚会早就超越了美食的范畴，逐渐演变成了上至贵族、下到平民的一种社交风尚。

二、法国

【国名】法兰西共和国（The French Republic，La République française）。

【面积】55万平方千米（不含海外领地），是欧盟国土面积最大的国家。

【人口】6 563万（不含海外领地）。

【首都】巴黎（Paris），市区人口218万（2021年）。年平均气温11.8 ℃，较为湿润，年降雨量从550到1 450毫米不等，大部分地区的年降雨量在650至850毫米。

【重要节日】国庆节：7月14日。

【地理】位于欧洲西部，本土呈六边形，三边临水。与比利时、卢森堡、德国、瑞士、意大利、摩纳哥、西班牙、安道尔接壤，西北隔英吉利海峡与英国相望。平原面积占总面积的2/3。主要山脉有阿尔卑斯山脉、比利牛斯山脉、汝拉山脉等。濒临四大海域：北海、英吉利海峡、大西洋和地中海。

【旅游业】世界第一大旅游接待国。2019年，全年接待游客约9 000万人次。2019年国际旅游收入579亿欧元，居世界第三。旅游业产值占国内生产总值的8%，直接、间接创造就业岗位200万个（法国外交部资料）。截至2021年1月，全国有17 405家酒店、8 239家野外宿营地、3 669家各类小旅店、青年之家等。

（一）社交礼仪

法国是个浪漫的国度，法国人在社交礼仪上非常讲究，主要有以下特点。

1. 爱好社交，善于交际

对于法国人来说，社交是人生的重要内容，没有社交活动的生活是难以想象的。

2. 诙谐幽默，生性浪漫

法国人在人际交往中大都爽朗热情，善于雄辩，高谈阔论，好开玩笑，讨厌不爱讲话的

人，对愁眉苦脸者难以接受。受传统文化的影响，法国人不仅爱冒险，而且喜欢浪漫的经历。

3. 渴求自由，纪律较差

法国人是最著名的"自由主义者"，与法国人打交道，约会必须事先约定，并且准时赴约，但是也要对他们可能的姗姗来迟事先有所准备。

4. 自尊心强，偏爱"国货"

法国的时装、美食和艺术有口皆碑，在此影响之下，法国人拥有极强的民族自尊心和民族自豪感，在他们看来，世间的一切都是法国最棒。与法国人交谈时，如能讲几句法语，一定会使对方热情有加。

5. 骑士风度，尊重妇女

法国人崇尚骑士风度，就像英国人崇尚绅士风度一样，即勇敢、智慧、尊重妇女。在人际交往中，法国人所采取的礼节主要有握手礼、拥抱礼和贴面礼。

6. 衣着讲究，追求时尚

法国人对于衣饰的讲究，在世界上是最为有名的。出席庆典仪式时，一般要穿礼服。男士所穿的多为配以蝴蝶结的燕尾服或是黑色西装套装，女士所穿的则多为连衣裙式的单色大礼服或小礼服。

对于穿着打扮，法国人认为重在搭配是否得体。在选择发型、手袋、帽子、鞋子、手表、眼镜时，都十分强调要使之与自己着装相协调、一致。

（二）餐饮礼仪

作为举世皆知的世界三大烹饪王国之一，法国人十分讲究饮食。法国人爱吃面食，面包的种类很多。他们大都爱吃奶酪。在肉食方面，他们爱吃牛肉、猪肉、鸡肉、鱼子酱、鹅肝，不吃肥肉、宠物、肝脏之外的动物内脏、无鳞鱼和带刺骨的鱼。法国人特别善饮，而且讲究在餐桌上要以不同品种的酒水搭配不同的菜肴；除酒水之外，法国人平时还爱喝生水和咖啡。

法国人用餐时，两手允许放在餐桌上，但却不许将两肘支在桌子上，在放下刀叉时，他们习惯于将其一半放在碟子上，一半放在餐桌上。

（三）主要禁忌

法国人大多喜爱蓝色、白色与红色，他们所忌讳的色彩主要是黄色与墨绿色。

菊花、牡丹、玫瑰、杜鹃、水仙、金盏花和纸花，一般不宜随意送给法国人。

与英国人和德国人一样，法国人所忌讳的数字是"13"与"星期五"。他们不住 13 号房间，不在 13 日这天外出旅行，不坐 13 号座位，更不准 13 个人共进晚餐。

在人际交往之中，法国人对礼物十分看重，但又有其特别的讲究。法国人喜欢具有艺术品位和纪念意义的物品。在接受礼品时若不当着送礼者的面打开其包装，则是一种无礼的表现。

三、德国

【国名】德意志联邦共和国（Federal Republic of Germany, Bundesrepublik Deutschland）。

【面积】35.8万平方千米。

【人口】8 322万。主要是德意志人。

【首都】柏林（Berlin）。

【重要节日】新年：1月1日；复活节：每年春分月圆之后第一个周日（3月21日至4月25日之间）；五一国际劳动节：5月1日；德国统一日（国庆节）：10月3日；圣诞节：12月25日。

【地理】位于欧洲中部。东邻波兰、捷克，南毗奥地利、瑞士，西界荷兰、比利时、卢森堡、法国，北接丹麦，濒临北海和波罗的海。

【经济】德国是高度发达的工业国。经济总量位居欧洲首位，世界第四。

（一）社交礼仪

德国人的特点是纪律严明，法制观念极强；讲究信誉，重视时间观念；极端自尊，非常尊重传统；待人热情，十分注重感情。

德国人在人际交往中非常重视礼节。与德国人握手时，有必要特别注意以下两点：一是握手时务必要坦然地注视对方；二是握手的时间宜稍长一些，握手时所用的力量宜稍大一些。

重视称呼，是德国人在人际交往中的一个鲜明特点。对德国人称呼不当，通常会令对方大为不快。一般情况下，切勿直呼德国人的名字。与德国人交谈时，切勿疏忽对"您"与"你"这两种人称代词的使用：对于熟人、朋友、同龄者，方可以"你"相称。在德国，称"您"则表示尊重；称"你"则表示地位平等、关系密切。

德国人非常守时，约定好的时间，无特殊情况，绝不轻易变动。

德国商人不愿浪费时间，所以与德国人谈话宜先熟悉问题，单刀直入。

如果应邀到德国人家中做客，通常宜带鲜花去，鲜花是送女主人的最好礼物，但必须要单数，5朵或7朵即可。德国占全世界花卉年消费总值的20%以上，堪称世界上最大的花卉市场。

（二）餐饮礼仪

请德国人进餐，事先必须安排好。就餐谈话时，不隔着餐桌与坐得较远的人交谈，会影响他人的情绪。宴席上，男士坐在妇女和地位高的人的左侧，女士离开和返回饭桌时，男士要站起来以示礼貌。

德国人喜食肉食，最爱吃猪肉，其次才是牛肉。以猪肉制成的各种香肠，令德国人百吃不厌。在饮料方面，德国人最喜欢的是啤酒。

（三）主要禁忌

在德国，不宜随意以玫瑰或蔷薇送人，前者表示求爱，后者则专用于悼亡。

德国人忌讳"13"与"星期五"。他们对于四个人交叉握手，或在交际场合进行交叉谈话的行为比较反感。

与德国人交谈时，不宜涉及纳粹、宗教与党派之争。在公共场合窃窃私语，德国人认为是十分无礼的。

德国人非常遵守纪律，反感一切违纪行为。

任务3　美洲及大洋洲客源国礼俗

一、美国

【国名】美利坚合众国（The United States of America）

【面积】937万平方千米，本土东西长4 500千米，南北宽2 700千米，海岸线长22 680千米。

【人口】约3.33亿（截至2021年8月15日）。据美国2020年人口普查数据显示，非拉美裔白人占57.8%，拉美裔占18.7%，非洲裔占12.4%，亚裔占6%，印第安人和阿拉斯加原住民占1.1%，夏威夷原住民或其他太平洋岛民占0.2%（以上比例存在重叠）。通用语为英语。

【首都】华盛顿哥伦比亚特区（Washington D.C.），人口约69万。

【国庆日】7月4日（美国独立日，1776年）。

【地理】位于北美洲中部，领土还包括北美洲西北部的阿拉斯加和太平洋中部的夏威夷群岛。北与加拿大接壤，南靠墨西哥湾，西临太平洋，东濒大西洋。

【经济】美国有高度发达的现代市场经济，其国内生产总值居世界首位。

（一）社交礼仪

美国人在正式场合行握手礼，一般场合见面时，只要笑一笑，打个招呼就行了，即使这是第一次见面。

在美国，人们见面时喜欢直呼其名，这是亲切友好的表示。纵使交谈之初可能互相用姓称呼，但过一会儿就会改称名字。人们很少用正式的头衔称呼别人，正式的头衔只用于法官、高级政府官员、军官、医生、教授和高级宗教人士。

在与人交谈时，美国人不谈及个人的私事，诸如年龄、婚姻、收入、信仰等。看到别人买的东西不问其价格；如果看到别人回来，也不问他去哪了或者从哪里来，否则就会遭人厌恶。

美国人在平时生活中的穿着打扮以体现个性为主，很难从穿着上看出他们是富有还是贫穷，以及他们的身份地位如何。在正式的社交场合，美国人的穿着有很严格的规定。例如，美国许多公司上班有专门设计定做的制服，在律师楼和银行上班的老板和职员们天天都是西装笔挺。

知识拓展

在美国举办各种宴会，往往在请柬上注明是否"黑领结"。如果注明了"黑领结"，男士则一定要穿无尾礼服，系黑色领结，女士必须穿晚礼服。这时，男士的长条领带、女士的裤装都上不了台面。如果没有注明"黑领结"，而表示是"正式穿着"，那么就能选择西服了。如果写的是"白领"，表示要穿燕尾服，系白色领带。什么宴会穿什么样的衣服，是很有讲究的。因此，注意场合与服装的搭配在美国是尤为重要的。

（二）餐饮礼仪

美国人吃汉堡包、热狗和其他简单、标志性的美食，典型的美国菜"粗犷实在"，使用新鲜的原材料，保持食物的原汁原味。但他们同时也喜爱许多其他国家的菜肴，拥有众多移民带来的各式菜品。

在宴请时，应等到全体客人面前都上了菜，且女主人示意后才开始用餐。用餐时，始终保持沉默是不太礼貌的，但咀嚼食物时不要讲话，讲话时不应放下刀叉，也不要拿着刀叉乱晃。取菜时，最好每样都取一点，这样会使女主人愉快。

美国人很热情豪爽并且好客，如果你去美国家庭做客，坐到了宽敞的餐桌边，看到他们从烤箱里面拿出像盆子一样大的超大菜盘，各式各样的菜摆上去，你会惊异于每道菜的分量。然后每人会拿一个自己的盘子，需要多少菜就盛多少在自己盘子里。

（三）主要禁忌

美国人握手时应目视对方的眼睛，目视其他地方是傲慢和不礼貌的表现。在美国千万不要把黑人称作"Negro"一词，因为这个词带有歧视之意。

忌讳别人冲他人伸舌头。认为这种举止是侮辱人的动作。

美国人讨厌蝙蝠，认为它是吸血鬼和凶神的象征。

忌讳数字"13""星期五"等日。

忌讳问个人收入和财产情况，忌讳问妇女婚否、年龄以及服饰价格等私事。

忌讳赠礼太过昂贵，有贿赂嫌疑。忌讳赠送带有你公司标志的便宜礼物，因为有做广告的嫌疑。

 知识拓展

美国人办事重效率，往往每天都有严格的计划，因此去美国家庭做客都要提前预约，否则会被认为是不速之客，可能会吃闭门羹。一旦约定，就要准时到达，不能迟到，也不要太早到。因为客人到来之前，主妇都要布置客厅、准备茶点。规模较大的正式场合，守时更为重要。做客时间一般不宜过长，但饭后不要立即告辞，应再与主人攀谈一会儿。若夫妇同去做客，应由妻子先起立告辞。如果你与主人不太熟，做客后应打电话或写短柬以表谢意。这样美国人会认为你很懂礼貌，从而留下一个好印象。

二、加拿大

【国名】加拿大（Canada）。

【面积】998万平方千米，居世界第二位，其中陆地面积909万平方千米，淡水覆盖面积89万平方千米。

【人口】3 813万（2021年6月）。当地居民主要为英、法等欧洲后裔，土著居民约占3%，其余为亚裔、拉丁裔、非洲裔等。英语和法语同为官方语言。居民中信奉天主教的占45%，信奉基督教的占36%。

【首都】渥太华（Ottawa），地处安大略省。首都地区（包括安大略省渥太华市、魁北克省加蒂诺市及周围城镇）人口132.4万，面积4 715平方千米。年平均气温15~26 ℃（7月），最低气温-16~-6 ℃（1月）。

【重要节日】国庆日（加拿大日）：7月1日。

【地理】位于北美洲北部。东临大西洋，西濒太平洋，西北部邻美国阿拉斯加州，南接美国本土，北靠北冰洋。

（一）社交礼仪

见面时行握手礼，称呼方面与美国人差不多，熟人之间问候时只喊一声"Hello!"名片使用不广泛，一般只需和公司高级职员交换。

与美国人比较，加拿大人要严谨一些，他们为客人举行的招待会大多在饭店或俱乐部进行。如果应邀去加拿大人家中做客，应事先送去或自带一束鲜花给女主人。

在日常生活中，加拿大人着装以舒适为主。上班的时间，他们一般要穿西装、套裙。参加社交活动时往往要穿礼服或时装。在休闲场合则讲究自由穿着，只要自我感觉良好即可。

（二）餐饮礼仪

加拿大人饮食习惯与美国相似。喜食牛肉、鱼、野味、蛋和各种蔬菜。口味清淡，不爱吃辣。日常饮食的一日三餐中，早、午餐较简单，晚餐较丰盛。传统菜肴为法国菜。加拿大蒙特利尔市被誉为烹调之都，用苹果作填后烹制的布罗美湖鸭驰名全国。饮料主要为白兰地、香槟酒。饭后喝咖啡、吃水果。

（三）主要禁忌

加拿大人在生活习俗上受宗教的影响较大。他们通常都很忌讳"13""星期五"。宴会上，一般都是双数的席次。

 阅读材料

加拿大饮食的"三不"

加拿大是一个移民国家，拥有丰富多彩的饮食文化。其中，"三不"饮食文化别有一番趣味。在加拿大请客吃饭都不设烟酒，因为在加拿大有禁烟规定，并且必须年满16岁以上者方可购买香烟。在联邦政府大楼、电梯、银行、商店、学校及多数公共场所吸烟都是违法的。如发现有人在酒楼、餐馆吸烟不加制止或者是纵容其吸烟，可能会处以5 000加元的罚款。对酒也是如此，如阿尔伯塔省规定，19岁以上者方可买酒，而烈性白酒则被禁止出售。另外，餐厅、酒吧只可在早上11时到凌晨1时卖酒，饮酒者只能在领有酒牌的地方或住宅内喝酒，在这些地方以外饮酒都是违法的。

三、澳大利亚

【国名】澳大利亚联邦（The Commonwealth of Australia）。

【面积】769.2 万平方千米。

【人口】2 617 万。74%为英国及爱尔兰裔，亚裔占 5%，土著人占 2.7%，其他民族占 18.3%。官方语言为英语，汉语为除英语外第二大使用语言。约 63.9%的居民信仰基督教，5.9%的居民信仰佛教、伊斯兰教、印度教等其他宗教。无宗教信仰或宗教信仰不明的人口占 30.2%。

【首都】堪培拉（Canberra）。

【重要节日】澳大利亚日（澳国庆日）：1 月 26 日。

【地理】位于南太平洋和印度洋之间，由澳大利亚大陆、塔斯马尼亚岛等岛屿和海外领土组成。东濒太平洋的珊瑚海和塔斯曼海，北、西、南三面临印度洋及其边缘海。

（一）社交礼仪

澳大利亚人在第一次见面或谈话时，通常互相要称呼为"先生""夫人"或"小姐"，熟悉之后就会直呼其名。

人们相见时喜欢热情握手，并喜欢和陌生人交谈，互相介绍后或在一起喝酒后，陌生人就成了朋友。

澳大利亚人谈话时极为重视礼貌，文明用语不绝于耳。他们很注重礼貌修养，谈话总习惯轻声细语，很少大声喧哗。在他们的眼里，高声喊叫是一种不文明的粗野行为。

澳大利亚人与英美人一样，名在前，姓在后。妇女结婚后，使用丈夫的姓。在家庭成员和亲密朋友之间，不分老幼，互称名字，以表亲切。

男子多穿西服，打领带，在正式场合打黑色领结。妇女一年中大部分时间都穿裙子，在社交场合则套上西装上衣。

（二）餐饮礼仪

澳大利亚人在饮食上以英式西餐为主，他们口味清淡，不喜油腻。澳大利亚的食品素以丰盛和量大而著称，尤其对动物蛋白质的需求量最大。他们爱喝牛奶，喜食牛肉、猪肉等。他们喜喝啤酒，对咖啡很感兴趣。

（三）主要禁忌

澳大利亚人对兔子特别忌讳，认为兔子是一种不吉利的动物，人们看到它都会感到倒霉。因为这预示着厄运将要临头。

澳大利亚人对"13"这个数字很讨厌，认为会给人们带来不幸和灾难。澳大利亚人忌讳自谦的客套语言，认为这是虚伪、无能或看不起人的表现。与他们交谈时，建议多谈旅行、体育运动及到澳大利亚后的见闻。

 **知识拓展**

澳洲是出了名的地广人稀，大家已经适应了一个人占地一大片的情况了。澳洲人尊重私人界限，这是不成文的礼仪之一。在澳洲应注意，聊天、排队时前后隔一步，等待时左右隔一步，ATM机办理自助业务时和前面人保持3步的距离。想跟不太熟的人突然来一个亲切拥抱，或者摸别人家孩子的脸夸人家可爱，甚至不打招呼就逗弄别人家的狗，都不太礼貌。当然，遇上特殊情况还是会特殊对待的，比如早晚高峰的通勤车上可能很难保持距离。

参考文献

[1] 陈继光. 礼貌礼节礼仪[M]. 广州：中山大学出版社，1997.

[2] 金正昆. 服务礼仪教程[M]. 北京：中国人民大学出版社，2009.

[3] 王雪梅. 服务礼仪[M]. 重庆：重庆大学出版社，2021.

[4] 郑一群. 服务的秘密[M]. 北京：中国长安出版社，2013.

[5] 马桂茹，张文俊. 仪表美与训练[M]. 北京：中国旅游出版社，1993.

[6] 李乐飞. 新服务时代[M]. 北京：中信出版社，2020.

[7] 许景宏. 星标准心服务[M]. 北京：中国财务出版社，2013.

[8] 桑秀丽，马中东，付晶. 服务质量与管理[M]. 昆明：云南人民出版社，2016.

[9] 黄卫伟. 以客户为中心[M]. 北京：中信出版社，2016.

[10] 靳斓. 服务礼仪与服务技巧[M]. 北京：中国经济出版社，2018.

[11] 刘曦. 员工正能量[M]. 北京：中华工商联合出版社，2013.

[12] 崔生祥，任强，吴新明. 赢在创新[M]. 北京：企业管理出版社，2014.

[13] 杨茳，王刚. 礼仪师培训教程[M]. 北京：人民交通出版社，2007.

[14] 贺政林. 酒店服务人员礼仪培训大全[M]. 北京：中国纺织出版社，2014.

[15] 李增和. 铁路客运服务与礼仪[M]. 成都：西南交通大学出版社，2014.

[16] 马海漫. 高速铁路动车乘务实务[M]. 成都：西南交通大学出版社，2016.

[17] 潘自影. 高速铁路客运服务与礼仪[M]. 成都：西南交通大学出版社，2015.

[18] 崔鸿嵘. 铁路客运服务礼仪[M]. 北京：中国铁道出版社，2016.

[19] 姜慧芳. 铁路客运服务礼仪[M]. 上海：上海交通大学出版社，2018.

[20] 漆子扬. 实用礼仪教程[M]. 长春：东北师范大学出版社，2014.

[21] 谢建宏. 礼在你身边[M]. 北京：中国海洋大学出版社，2017.

[22] 许湘岳，蒋璟萍，费秋萍. 礼仪训练教程[M]. 北京：人民出版社，2016.

[23] 王嘉嘉. 高铁乘务人员形象塑造[M]. 成都：西南交通大学出版社，2015.

[24] 陆虹杏. 空乘化妆与形象塑造[M]. 东营：中国石油大学出版社，2017.

[25] 刘科，刘博. 空乘人员化妆技巧[M]. 上海：上海交通大学出版社，2012.

[26] 王一珉. 化妆基础[M]. 北京：中国轻工业出版社，2017.

[27] 何瑛，张丽娟. 职业形象塑造[M]. 北京：科学出版社，2012.

[28] 洪玲，欧阳代越，贾芸. 职业形象塑造[M]. 重庆：重庆大学出版社，2016.